# 이주민 선교와 신학

이주노동자와 다문화가정을 중심으로

김은혜, 박흥순, 설동훈, 오현선, 한국일, 황홍렬 공저
총회국내선교부 편

한국장로교출판사

| 발간사

외국인노동자들이 한국 땅을 밟은 지 20년을 넘어서고 있습니다. 88 서울올림픽 이후 외국인 노동자들은 꿈에 부풀어 한국 땅을 찾았고, 이들에 대한 선교 과제를 안고 한국교회가 대응한 것도 1993년부터입니다. 총회 차원에서는 1996년 외국인 근로자선교후원회를 조직하여 변화하는 시대에 적합한 총회선교정책을 수립하여 선교 실천을 하였습니다.

초창기 외국인 노동자들과 함께하는 교회가 가장 많이 읽었던 말씀은 출애굽기 23 : 9이었습니다. "너는 이방 나그네를 압제하지 말며 그들을 학대하지 말라 너희도 애굽 땅에서 나그네였음이라"(출 23 : 9). 이러한 관점에서 총회는 2000년에 「외국인 노동자 선교와 신학」(한들출판사)을 발간하였습니다.

이후 외국인 노동자에 대한 고용허가제를 비롯한 법적 제도적 개선이 이루어졌고, 불법체류노동자의 감소와 결혼이주여성의 급속한 증가 등으로 외적 환경이 상당히 바뀌었습니다. 이제는 외국인 총 체류자가 130만 명을 넘어서고 있고, 결혼에 따른 이주민이 14만 명을 넘어서고 있으며, 그 자녀들의 수가 급속히 증가하고 있습니다. 그들은 함께 살아가야 할 형제자매들인 것입니다.

"그러므로 이제부터 너희는 외인도 아니요 나그네도 아니요 오직 성도들과 동일한 시민이요 하나님의 권속이라 너희는 사도들과 선지자들의 터 위에 세우심을 입은 자라 그리스도 예수께서 친히 모퉁잇돌이 되셨느니라 그의 안에서 건물마다 서로 연결하여 주 안에서 성전이 되어 가고 너희도 성령 안에서 하나님이 거하실 처소가 되기 위하여 그리스도 예수 안에서 함께 지어져 가느니라"(엡 2 : 19 - 22).

예수 그리스도의 생명이 풍성한 그리스도의 몸된 교회를 함께 지어 가기 위한 그리스도의 권속으로서 함께 손잡고 거룩한 행진의 발걸음을 힘차게 옮겨야 할 때입니다.

이번에 발간되는 「이주민 선교와 신학」을 위해 여러 교수님들과 이주민들을 섬기느라 현장에서 수고하시는 이주민 선교 목회자와 실무자들께 감사를 드리며, 출판하여 주신 한국장로교출판사에도 감사를 드립니다.

2011년 8월 일
총회국내선교부 총무
**진방주** 목사

| 추천사

　1988년 서울올림픽을 기점으로 한국을 찾는 외국인들이 늘어나게 되었습니다. 그중에 코리안 드림을 가지고 온 외국인근로자들이 점점 늘어나게 됨에 따라 3D 업종에서 일하는 외국인근로자들을 종종 볼 수 있습니다. 또한 한국사회가 2000년대에 저출산 고령화사회로 접어들고 국제결혼이 갑자기 늘어나면서 결혼이주여성들이 급증하게 되었습니다. 특히 농촌 총각과 결혼을 한 결혼이주여성들이 늘어남에 따라 농촌지역에서는 다문화가정의 자녀들이 늘어나기 시작하였습니다. 또한 교회 내에도 다문화가정의 자녀들과 결혼이주여성과 가족들이 성도로 늘어가고 있습니다.
　이렇게 외국인근로자와 결혼이주여성들이 1990년대, 2000년대에 증가함에 따라 우리 한국사회는 다문화사회로 변화하고 있습니다. 그러나 이들의 생활은 한국 사회에서 가장 힘없고 가난한 사회적 약자로 살아가고 있습니다. 근로자들은 산업재해와 임금체불 등 인권을 보장받지 못하는 형편에 놓여 있고, 이주여성들은 언어와 문화의 차이로 인한 차별 그리고 가정 내 폭력 등 인간다운 대접을 받지 못하는 경우를 볼 수 있습니다.
　이러한 때에 한국사회와 교회가 더욱 성숙한 다문화사회를 이루어 가기 위해서 우리의 마음과 생각을 넓혀 나아가야 할 것입니다. 나와 다른 이들을 이해하고 사랑하는 일에 교회가 앞장서야 할 것입니다.

　이러한 일을 위해 총회가 지금까지의 이주민 선교와 신학을 정리하고 책자를 발간하게 됨을 진심으로 축하드립니다. 약 20여 년 간 이주민 선교를 위해 이름도 없이 빛도 없이 소외되고 가난한 자들과 함께 울고 웃었던 목회자들의 수고가 결코 헛되지 않을 것을 믿으며, 이 책이 이주민 선교를 위한 초석이 되기를 바랍니다. 이주민 선교의 이론적 기초를 세우기 위해 연구에 힘쓰신 교수님들과 책을 만들기 위해 수고하신 총회 국내선교부와 출판사 관계자들의 수고에 감사를 드립니다.

2011년 8월
대한예수교장로회 총회장
**김정서** 목사

| 격려사

　세계 10위권의 경제대국 대한민국도 다문화사회로 접어들고 있습니다. 미국, 유럽과 같은 백인들만 외국인이라고 생각을 했던 우리들의 삶의 현장에도 동남아나 중동, 아프리카 분들을 쉽게 볼 수 있게 되었습니다.
　1990년대 중반 한국에 밀려든 외국인이주노동자들은 과거 독일과 중동으로 갔던 한국의 아버지와 가족들입니다. 하지만 한국의 이주노동자들의 삶과 대우는 열악하기만 합니다. 산업재해로 인한 신체적 손상, 비인간적인 대접의 아픔, 장시간 근로에도 임금을 받지 못하는 고통 등으로 이주노동의 꿈을 접어야 하는 일들은 오늘을 사는 이주노동자들의 슬픈 자화상입니다. 한국 사람들이 기피하는 힘들고, 어렵고, 더러운 산업현장을 지켜온 이들이 없다면 한국 경제의 현실이 어떻게 될 것인가? 그리고 민간외교의 사절이라 할 수 있는 이들이 대한민국을 어떻게 생각할까 두렵기까지 합니다.
　총회국내선교부는 이주노동자들에게 복음을 전하기 위해 1996년 2월에 외국인근로자선교후원회를 조직하고 9월 셋째주일을 외국인근로자선교주일로 제정했습니다. 복음 전하는 일과 함께 이들의 아픔과 고통을 헤아려 주기 위해 주요 도시마다 선교센터를 마련하여 예배와 상담, 다문화가정과 자녀들의 프로그램을 진행했습니다. 오늘의 외국인근로자선교후원회는 이주노동자에서 결혼이주여성까지 선교의 범위를 넓히게 되어 필리핀그리스도연합교회(UCCP)에서 선교동역자를 파송하여 필리핀인들을 위한 목회도 하고 있습니다.

밀물처럼 몰려오는 이주노동자와 결혼이주여성들을 바라보며 이주민 선교와 신학정립을 위해 귀한 자료집을 발간하는 일은 의미 있는 일입니다. 현장에서 노동자들과 함께 울고, 함께 웃는 노력이 없었다면 이런 귀한 책은 의미가 없을 것입니다. 다문화사회로 진입하고 있는 한국사회에 하나님의 나라가 이루어지고 함께 어울려 살아가는 사회가 될 수 있도록 이 사역에 힘써 온 모든 목회자들을 진심으로 치하하고 축하합니다.

그동안 책을 발간하기 위해 연구하고 집필하신 교수님들의 수고에 감사를 드리고, 책을 만드는 과정에 수고하신 국내선교부와 출판사 관계자들께 감사를 드립니다. 이 책을 통해 더욱 이주민(외국인근로자와 결혼이주여성) 선교가 활발히 이루어지기를 바랍니다.

2011년 3월
총회 외국인근로자선교후원회장
**오창우** 목사

# 차 례

발간사 / 3
추천사 / 5
격려사 / 7

1. 한국의 다문화사회 현황과 미래 전망 :
   이주노동자와 결혼이민자를 중심으로     11
   ｜ 설동훈 교수(전북대학교, 사회학)

2. 이주민 선교를 위한 성서해석     43
   ｜ 박흥순 목사(호남신학대학교, 신약학)

3. 부산지역 이주민 현황과 이주민 선교의 과제 :
   결혼이주여성/다문화가족을 중심으로     65
   ｜ 황홍렬 교수(부산장신대학교, 선교학)

4. 한국 이주노동자와 소수자를 위한 주변부 신학     103
   ｜ 김은혜 교수(장로회신학대학교, 기독교와 문화)

5. 이주여성과 기독교교육     123
   ｜ 오현선 교수(호남신학대학교, 기독교교육학)

6. 이주민 선교를 위한 종교와 문화이해     165
   ｜ 한국일 교수(장로회신학대학교, 선교학)

# 한국의 다문화사회 현황과 미래 전망:
# 이주노동자와 결혼이민자를 중심으로[1]

| 설동훈 교수(전북대학교, 사회학)

## 1. 서론

　오랫동안 단일민족의 신화를 간직해 온 한국사회가 최근 '다문화사회'로 급격히 변모하고 있다. 한국사회가 동질적 문화를 가진 사회에서 이질적 문화를 아우르는 다문화사회로 바뀐 직접적 원인은 이민자의 유입에서 찾을 수 있다. 1980년대 후반부터 이주노동자가 들어왔고, 1990년대 초부터는 결혼이민자가 그 대열에 합류하였으며, 2000년 무렵부터는 외국인 유학생의 수도 크게 증가하고 있다. 20세기 초부터 이 땅에 존재해

---

1) 이 글은 2009년 12월 15일 대한예수교장로회 총회국내선교부에서 개최한 외국인근로자 및 결혼이주여성선교 워크숍에서 발표한 원고이다.

왔던 화교 이외에 다양한 이민자 집단이 늘어나면서 한국사회는 다문화사회로 변모하게 된 것이다.

2008년 4월 기준 한국사회에 머무르고 있는 외국인과 이민자 수는 891,341명이었다. 주민등록인구 49,355,153명의 1.8%에 달한다. 이 통계에는 불법체류자, 북한이탈주민, 주한미군 관련 혼혈인 등은 포함되지 않으므로, 국내 거주 종족적 소수자 수는 그보다 더 많을 것으로 추정할 수 있다. 2007년 8월 국내 체류외국인 수가 100만 명을 통과하였음을 고려하면, 이 추정은 합리적 근거를 가지는 것으로 볼 수 있다.

〈표 1〉 한국사회의 외국인과 귀화한국인 주민 수(2008년)

(단위 : 명)

|  | 전체 | 외국인 | | | | 한국인 | | |
|---|---|---|---|---|---|---|---|---|
|  |  | 이주노동자 | 결혼이민자 | 유학생 | 기타외국인 | 혼인귀화 | 기타사유 | 결혼이민자 자녀 |
| 전체 | 891,341 | 437,727 | 102,713 | 56,279 | 171,104 | 41,672 | 23,839 | 58,007 |
| 남성 | 482,870 | 301,556 | 13,711 | 29,599 | 95,539 | 2,991 | 9,637 | 29,837 |
| 여성 | 408,471 | 136,171 | 89,002 | 26,680 | 75,565 | 38,681 | 14,202 | 28,170 |

자료 : 행정안전부, 「지방자치단체별 외국인주민 현황」, 2008.

아래 〈그림 1〉을 보면 알 수 있듯이 외국인 또는 이민자는 경기·서울·인천 등 수도권에 주로 몰려 있다. 수도권에 산업체와 인구가 밀집되어 있다 보니 이주노동자를 필요로 하는 일자리가 그 지역에 집중되어 있고, 이주노동자들이 그 지역에 주로 모여 산다.

수도권을 제외하면 외국인들은 부산·울산·경남과 대구·경북 지역에 주로 거주한다. 그 역시 공단지역이 많기 때문이다. 결혼이민자의 거주지역 분포는 이주노동자와 약간 다른 점이 있다. 도시 지역의 경우 그것은 이주노동자의 거주 지역 분포와 별로 다르지 않다. 하지만 결혼이민자는 이주노동자가 거의 없는 농촌지역에도 다수 거주한다. 그 까닭은 배우자를 구하지 못한 농촌 총각들이 해외에서 배우자를 구해 오고 있기 때문이다.

<그림 1> 국내 거주 외국인의 거주 지역별 분포(2008년)

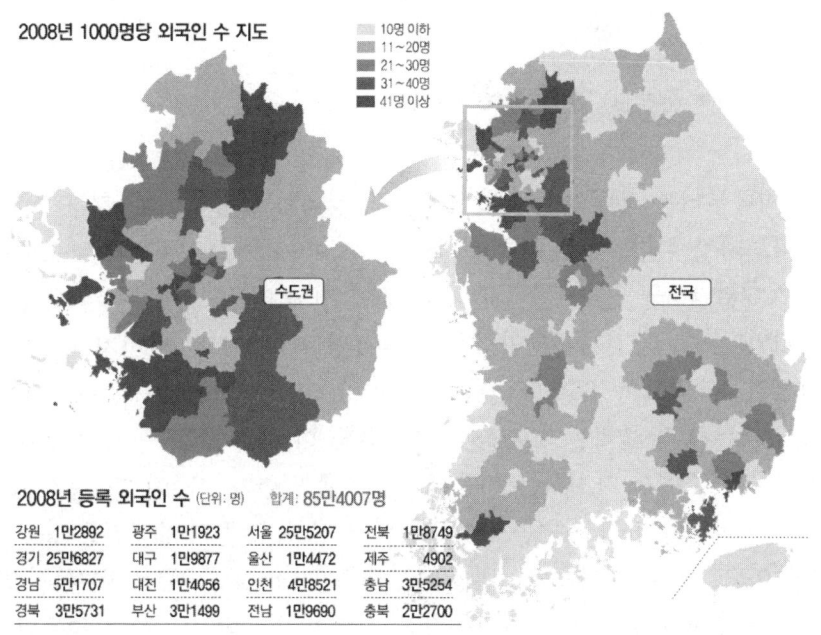

우리나라의 다문화사회 정책은 (1) 외국인의 선별적 충원 (2) 외국인 또는 이민자의 사회통합으로 나누어 살펴볼 수 있다. 학계에서는 그 둘을 포괄하여 '이민정책'(immigration policies)이라 하는데, 우리나라에서는 '이민'이라는 단어를 어색하게 받아들이는 경향이 있어서 '다문화사회 정책'이라는 말로 그것을 대신하는 경향이 있다. 한국 정부는 '사증' 제도를 통해 이민자들을 그 유형별로 분류하여 어떤 이민자는 정착을 허용하지 않고, 또다른 이민자는 정착을 적극적으로 유도한다. 또 한국 정부가 정착을 허용하여 받아들이는 이민자는 '국익'에 부합하여 수용하는 집단이 있는가 하면, '인도주의'에 기반하여 받아들이는 집단도 있다. 이처럼 이민자 집단별로 수용 여부와 적극성이 구별되고, 또 그에 따라 이민자를 한국사회에 통합시키는 방식도 제각각이다.

이 글에서는 한국 정부의 이민정책 또는 다문화사회정책의 최근 동향을 살펴보고, 또 앞으로 대처해야 할 방향을 모색하기로 한다.

## 2. 이주노동자 정책 동향

지금부터는 국내의 종족적 소수자의 상태와 그들에 대한 정부 정책을 살펴보기로 한다. 첫째 살펴볼 집단은 그 수가 가장 많은 이주노동자이다. 2008년 5월 말 기준 국내 체류 중인 전체 이주노동자 수는 688,037명이었다. 그중 전문기술인력은 32,457명(4.7%)이고, 나머지는 저숙련 생산기능인력으로 655,580명(95.3%)이었다. 이주노동자 중에는 흔히 '불법체류자'라 불리는 204,437명이 있다. 미등록 이주노동자가 전체 이주노동자 중에서 차지하는 비율은 31.2%에 달한다. 또 이주노동자 중에는 외국국적을 가진 재외동포가 포함되어 있다. 그들의 대부분은 중국 조선족이다. 외국국적동포는 방문취업제(289,546명)를 주로 이용하지만, 일반 고용허가제를 통해 '비전문취업' 사증을 발급받고 일하는 경우나 불법체류 상태에서 취업하는 경우도 있다. 즉, 국내 이주노동자 집단은 ① 전문기술인력, ② 일반고용허가제 적용을 받는 '비전문취업' 사증 소지 생산기능직 이주노동자, ③ 방문취업제 적용을 받는 외국국적동포 이주노동자, ④ 불법체류 상태에서 일하는 미등록 이주노동자로 구분하여 살펴보아야 한다.

### 1) 전문기술직 이주노동자

전문기술인력취업제도는 출입국관리법에 의거하여 교수(E-1), 회화지도(E-2), 연구(E-3), 기술지도(E-4), 전문직업(E-5), 예술흥행(E-6), 특정활동(E-7) 체류자격을 부여받아 입국한 외국인이 국내에서 취업할 수 있도록 한 제도다. 전문기술 외국인력은 고용계약서를 작성, 제출하여 그것을 근거로 해당 체류자격을 부여받아 국내에서 취업할 수 있다. 외국인 전문인력에 대해서는 생산기능인력과 달리 사증발급 쿼터,

내국인 구인 노력을 다한 사용자에게만 외국인 고용을 추천하는 노동시장심사(labor market test) 절차, 체류 기간 연장횟수 제한 등과 같은 규제를 두지 않기 때문에 전문인력을 입국, 체류상 우대하고 있다.

정부는 2008년 4월 30일 국가경쟁력위원회 제2차 회의에서 '글로벌 고급인력 유치 방안'을 발표하였다(교육과학기술부, 법무부, 행정안전부, 지식경제부, 노동부, 국가경쟁력강화위원회, 2008). 이 보고서에서는 인력이동의 글로벌화에 따른 글로벌 인재경쟁에 대응하면서 국가경쟁력 강화에 필요한 인력을 적시 공급하기 위하여, ① 글로벌 고급인력에 대해서는 문호를 과감히 개방하고, 이중국적을 허용하여 우수인력을 확보하되, ② 추진과정에서 국내노동시장, 인력양성 시스템, 병무행정 등에 미치는 영향을 종합적으로 검토하여, '인재를 통한 성장'을 실현해 나가겠다고 밝혔다. 그런데 이 보고서에서 인센티브로 제시한 출입국 편의제공과 이중국적 등은 그 실효성에 다소 문제가 있는 것으로 보인다. '출입국 편의' 면에서 한국은 이미 세계 최고 수준에 이르러, 더 이상 개선의 여지가 없을 뿐 아니라 외국인 우수인재들에게 한국 국적은 별로 매력적이지 않다는 점 때문이다.

### 2) '비전문취업' 사증 소지 생산기능직 이주노동자

2007년 1월 1일부터 우리나라의 생산기능직 외국인력제도는 고용허가제로 일원화되었다. 고용허가제하에서 이주노동자는 단순기능 업무에 종사할 수 있는 비전문취업(E-9) 사증을 발급받아 입국 전에 국내 사업주와 근로계약을 체결하여 종업원 수가 300인 미만인 중소제조업, 농축산업, 연근해 어업에 최장 3년까지 취업할 수 있다. 외국인력 고용규모와 업종 및 출신국 등은 '외국인력고용위원회'의 심의를 거쳐 '외국인력정책위원회'에서 결정한다.

생산기능직 이주노동자들은 한국인들이 취업을 기피하는 노동시장 부문에 종사하고 있다. 위험하고 힘들고 지저분한 작업환경이 그들의 일터를 특징짓는 말이다. 열악한 노동환경과 높은 산업재해율은 그에 수반되는 조건이다. 이처럼 험한 노동환경에 부가하여 그들은 낯선 땅에서 적응하며 살아야 하는 과제를 떠안고 있다.

'외국인근로자의 고용 등에 관한 법률'은 이주노동자에 대한 차별대우를 법적으로 금지하는 한편(제22조) 이주노동자의 임금체불에 대비하여 고용주에게 보증보험 가입을 강제하고 있으며(제23조), 사업주의 근로계약위반, 부당 해고 등 위법, 부당한 처분에 대해서는 근로감독과 및 노동위원회 등을 통해 권리구제가 가능하다. 법률에 의해 이러한 제도적 보호 장치를 마련한 효과가 발생하였는지 여부는 경험적 연구의 대상이다.

### 3) '방문취업' 사증 소지 생산기능직 외국국적동포 이주노동자

'방문취업제'는 외국국적동포가 '방문취업'(H-2) 사증을 발급받아 입국할 경우, 국내에서 최장 3년간 체류자격 변경 없이 자유롭게 취업할 수 있는 제도이다. 유효 기간 5년의 복수사증인 방문취업(H-2) 사증은 체류 중 자유로운 출입국이 가능하다. 사용자는 유효기간 3년의 특례고용가능확인서를 발급받아 구직자 명부에 있는 외국국적 동포를 고용할 수 있다. 노동부를 통한 구직과 취업 알선 절차는 여전히 가용하지만 의무사항이 아니라 외국국적동포가 자율적으로 일자리를 구할 수도 있다. 또 그들이 사업장을 변경할 경우 그 사실을 노동부에 '신고'만 하면 된다. 취업가능 업종은 "작물 재배업, 축산업, 근해어업, 연안어업, 양식어업, 제조업, 건설업, 산동물 도매업, 기타 산업용 농산물 및 산동물 도매업, 가정용품 도매업, 기계장비 및 관련용품 도매업, 재생용 재료 수집 및 판매업, 가전제품 가구 및 가정용품 소매업, 기타 상품 전문 소매업, 무점포 소매업, 일반 음식점업, 기타 음식점업, 육상 여객 운송업, 냉장 및 냉동 창고업, 여행사 및 기타 여행 보조업, 사업시설유지관리 및 고용서비스업, 건축물 일반 청소업, 산업설비 청소업, 사회복지사업, 하수처리 폐기물처리 및 청소 관련 서비스업, 자동차 종합 수리업, 자동차 전문 수리업, 이륜자동차 수리업, 욕탕업, 산업용 세탁업, 개인 간병인 및 유사 서비스업, 가사 서비스업" 등 32개다. 운수, 통신업, 대형할인마트 등 기타식품판매업, 근로자파견업, 전기, 가스, 수도업 등 서민 생계와 관련된 몇몇 업종을 제외한 전업종이 개방된 것이다.

방문취업제에 대해서 일부 시민단체에서는 재외동포에 대해 특혜를 베푸는 '민족주의적' 정책으로 주장하고 있으나 그것은 오류다. 외국인력을 어느 나라에서 얼마만큼 받아들이는가는 국민국가의 선택에 의하여 결정되어야 하는 부분이기 때문이다. 그것은 평등의 쟁점이 아니라 '주권'의 영역이다. 방문취업제는 오히려 재외동포법의 적용을 받는 선진국 거주자와 그렇지 못한 저개발국 거주자 간의 차별 문제로 접근하는 게 타당하다. 그 전에 적용하였던 취업관리제 등에 비하면 대폭 개선된 것이기는 하지만, 여전히 동포 간 차별 문제를 안고 있다는 점에서 개선의 여지가 있다.

4) 불법체류 상태에 있는 미등록 이주노동자

비합법 이주자는 '출입국관리법'에 의하여 규정되는데, 체류기간 초과자, 체류자격 외 활동자 및 밀입국자 등을 지칭한다. '체류기간 초과자'는 체류기간 만료 전에 법무부장관의 체류기간 연장허가를 받지 않고 체류기간을 초과하여 계속 체류한 자를 가리킨다. 사증에서 규정한 체류기간을 초과하여 국내에서 취업하고 있는 외국인이 여기에 해당한다. '체류자격 외 활동자'는 법무부장관의 '체류자격 외 활동허가'를 미리 받지 않고 체류자격에 해당하는 활동과 병행하여 다른 체류자격에 해당하는 활동을 한 자 또는 법무부장관의 '체류자격 변경허가'를 미리 받지 않고 체류자격과 다른 체류자격에 해당하는 활동을 한 자를 포함한다. 한국에 체류하는 것은 합법적이지만, 국가의 허가를 받지 않은 채 취업 또는 정치활동 등을 하여 비합법 상태에 처한 외국인 등이 이 범주에 해당한다. '밀입국자'는 정식으로 입국 절차를 밟지 않고 입국하여 국내에 체류 중인 외국인이다. 또한 체류기간 초과 여부에 관계없이 취업 관련 사증을 발급받지 않았으면서도 국내에서 구직활동을 하는 외국인도 비합법 이주자의 범주에 포함된다. 출입국관리법에는 '불법체류 외국인'에 대한 처벌 조항이 있다. '불법체류 외국인'은 그 규정위반의 내용과 기간에 비례하여 징역 또는 벌금형에 처해진다.

비합법 외국인의 대부분은 체류기간을 초과하여 국내에서 취업활동에 종사하고 있는 미등록 이주노동자(undocumented migrant workers) 또는 비합법 이주노동자(irregular migrant workers)라 할 수 있다. 비합법 이주노동자는 출입국관리법상 '체류자격 외 취업자'와 '체류기간 초과 취업자' 및 '밀입국 취업자'와 아울러 '적절한 체류자격, 활동허가 없이 구직활동을 하고 있는 실업자'를 포괄한다. '불법체류 외국인'의 대부분이 취업활동에 종사한다는 점을 고려하여 출입국관리법과 그 시행규칙에서는 그 고용자에 대한 처벌 규정을 명시하고 있다. 이러한 조항은 비합법 이주자를 직접 추적하여 단속하는 것보다는 그 '고용주에 대한 제재'(employers' sanction)가 효율적이라는 연구 성과에 부합한다.

고용허가제가 성공하기 위해서는 불법체류자 통제가 관건이니 만큼 정부에서는 불법체류자 단속을 강력하게 지속적으로 수행해 오고 있다. 정부는 2003년 9월 1일부터 11월 15일까지 불법체류 자진신고 접수 및 합법화 조치를 단행하였고, 그 후 불법체류자 단속을 꾸준히 실시하고 있다. 불법체류자가 늘어날 경우 인권침해의 사각지대는 커질 것이고, 또 과거 산업연수제가 그랬던 것처럼 외국인력제도(고용허가제)의 붕괴까지 초래할 위험요소를 사전에 없애기 위해서이다.

그런데 불법체류자 단속과정에서 공무원들의 경직된 자세로 인해 인권침해가 발생하고 있는 점은 시정하여야 한다. 이를 위해 다음 다섯 가지 사항을 명확히 하는 게 필요하다. ① 미등록노동자 자진출국 유도, ② 불법체류 및 고용근절 여건조성, ③ 불법체류 단속 권한을 법무부 출입국관리 공무원 및 법무부장관이 지정한 특수공무원에게만 부여하여, 단속 공무원에 의한 인권침해를 예방, ④ 신규유입 미등록노동자 억제, ⑤ 미등록노동자 고용 사업주 단속에 초점을 맞출 것이다.

## 3. 결혼이민자 정책 동향

1990년대 초부터 외국인이 한국인과 결혼하여 국내로 이주하는 현상이 나타났다. 물론 그 전에도 국제결혼은 이루어졌지만 정부가 1990년부터 국제결혼 통계를 작성하여 발표하였다는 점을 고려하면, 그 무렵부터 국제결혼이 활성화된 것으로 파악할 수 있다. 국제결혼과 관련한 '이주변천'은 1995년에 이루어졌다.

1994년 이전에는 선진국 출신의 외국인 남성이 한국인 여성과 결혼하는 것이 주류였으나 그 수는 많지 않았다. 1995년 이후에는 저개발국 출신의 외국인 여성이 한국인 남성과 결혼하는 현상이 압도적으로 많아졌다. 1994년까지는 국제결혼을 한 한국 여성들이 해외로 떠났고 극히 일부만 국내에 거주하였다면, 1995년 이후에는 외국인 여성들이 국내로 이주하여 정착하는 사례가 점점 늘어났다. 그리고 국제결혼 건수가 급증하였다. 특히 2002년 이후 국제결혼 건수는 매년 약 1만 건씩 늘어났다. 2005년 최고 수준을 기록한 이후 2006년과 2007년에는 약간 감소하였다. 그렇지만 국제결혼 건수가 총 결혼 건수에서 차지하는 비율은 11%를 상회할 정도로 여전히 높다.

〈표 2〉 한국의 다문화가족 인구(2006 - 2008년)

(단위 : 명)

| 연도 | 다문화가족 (A+B+C) | 결혼이민자 | | | A의 자녀 (C) |
|---|---|---|---|---|---|
| | | (A+B) | 비귀화자(A) | 혼인귀화자(B) | |
| 2006 | 130,014 | 104,768 | 65,243 | 39,525 | 25,246 |
| 2007 | 171,213 | 126,955 | 87,964 | 38,991 | 44,258 |
| 2008 | 202,392 | 144,385 | 102,713 | 41,672 | 58,007 |

자료 : 행정안전부, 「국내거주 외국인 실태조사 결과」, 각 연도.

외국인 아내의 출신국은 중국이 가장 많고, 다음은 일본, 필리핀, 베트남, 태국, 몽골, 러시아 등의 순이다. 그들 중에는 의사소통의 어려움, 문화적 차이로 인한 고충, 차별 대우 등으로 고통받는 사람이 적지 않아 정부가 제공하는 사회복지제도의 주요 수혜 대상 집단으로 등장하였다. 외국인 남편은 전문직 종사자와 생산기능직 종사자로 직종이 양분되고, 출신국도 선진국과 저개발국으로 구분할 수 있다. 최근으로 올수록 생산기능직 이주노동자로 왔다가 한국인 여성과 결혼한 사례가 늘고 있다.

2008년 4월 기준 국내 거주 결혼이민자 수는 144,385명이다(외국인 102,713명, 귀화자 41,672명).

한편 한국인의 국제결혼이 보편화되면서 중국, 일본, 필리핀, 베트남, 태국, 몽골, 러시아 출신 어머니를 둔 아이들이 태어나고 있다. 2008년 4월 기준 결혼이민자 가족의 자녀 수는 58,007명이다. 교육과학기술부(2008)에서 국제결혼가정의 취학자녀 수를 조사한 바에 의하면, 재학 자 수는 2008년 현재 총 18,778명으로 2007년에 비해 39.7%가 증가하였으며, 학교급별로는 여전히 초등학생이 가장 많아 전체의 84.2%를 차지하였고, 지역별로는 경기도가 가장 많은 분포를 나타내었다. 2006년에는 경기(23.1%), 서울(12.2%), 전남(11.8%), 전북(9.1%), 경북(6.0%)의 순이었던 것과는 달리, 2008년에는 경기(20.7%), 서울(12%), 전남(10%), 경남(8.2%), 충남(7.9%)의 순으로 나타났다.

'결혼이민자'들은 한국인의 가족이라는 점에서 '이주노동자'에 비해 훨씬 적극적으로 수용되고 있다. 체류와 생활에서의 각종 편의제공은 물론이고, 사회복지 혜택에서도 다른 외국인·이민자 집단과는 비교가 되지 않는다. 또 그 자녀들은 대한민국 국적법에 의거하여 전원 '대한민국 국민'으로서의 지위를 가진다. 그러나 한국인들에 의하여 '사회적으로' 받아들여지는 것은 법률적, 제도적 수용과는 다른 차원이다. 결혼이민자들 중 상당수는 자신들이 가난한 나라 출신이라는 이유로 차별과 멸시를 받은 경험이 있다고 토로한다. 또 그들은 자신의 자녀들을 무조건 '혼혈인'으로 범주화하는 데 불편한 심경을 드러낸다. 이주노동자와 결혼이민자 등의 유입으로 아일랜드, 일본과 더불어 지구상의 나라 중 몇 안 되는 '단일민족 사회'로 알려졌던 우리나라는 '다문화·다인종 사회'의 도전에 직면하고 있다. 2007년 8월 국내 체류 외국인 수가 100만 명을 돌파하였고, 귀화자 수도 꾸준히 늘고 있다. 모든 새로운 변화가 그렇듯 그것은 한국 사회에 중요한 기회이면서 동시에 위협 요인이 되고 있다.

기회의 측면으로 보면 이주노동자와 이민자들은 국내 노동시장의 빈 자리를 채워 주는 역할을 한다. 그들은 젊고 건강하며 성취동기가 강한 사람들로서, 저출산·고령화사회의 위기에 직면한 우리나라가 발전을 지속할 수 있는 소중한 인적 자원의 기능을 한다. 2000년 간행된 유엔 보고서 "대체이주"(Replacement Migration)는 한국경제가 앞으로 지속적으로 발전하기 위해서는 대규모 이민자 또는 이주노동자를 수용하여야 한다고 진단한바 있다. 위협의 측면으로, 이주노동자·이민자 밀집거주지역이 생겨나고 있고, 또 그들과 원주민, 한국인 사이의 갈등이 부분적으로 싹트고 있다. 미국과 유럽 여러 나라에서 발견되는 게토(ghetto)가 한국사회에도 생겨날 가능성이 농후하고, 한국인과 이민자 간 갈등과 긴장을 적절히 관리하지 못할 경우 프랑스와 오스트레일리아 등에서 발생한 이민자 폭동이 발생할 가능성도 경계해야 한다. 이러한 위협 요인을 과장해서도 안 되지만 안이한 자세로 무시해서는 곤란하다.

한국사회는 20년 전 또는 10년 전과 비교할 경우 '다문화, 다인종 사회'로 진입했다고 볼 수도 있겠지만, 총인구 중 '한민족'의 구성 비율이 98%에 달한다는 점을 무시해서는 곤란하다. 한국사회는 결혼이민자와 전문기술직 종사자만 영구 정착을 허용할 뿐 저숙련 이주노동자는 귀화는 물론이고 가족 동반조차 원천 봉쇄하고 있다. 나라 간 비교의 관점에서 보면 한국사회는 여전히 '이민을 받지 않는 사회'로 분류된다. 엄밀히 말하면 우리나라는 '다문화·다인종 시대'의 진입 단계에 있다. 그렇지만 앞으로 이러한 추세가 지속될 것이라는 점은 확실하고, 그 결과 다문화사회화의 정도가 점점 심화될 것이라는 점 또한 명백하다. 현재 이 상황에서 정부가 어떻게 이민정책을 수립하여 대처하는가에 따라 기회를 극대화할 수도 있고, 위기를 심화시킬 수 있는 갈림길에 서 있다.

한편 정부는 2008년 10월 30일 결혼이민자와 자녀 등 다문화가족의 사회통합을 지원하기 위한 '다문화가족 생애주기별 맞춤형 지원 강화대책'을 발표하였다. 이 대책은 4대 정책목표와 3대 정책추진 방향을 제시하고 있다. 정책목표는 정책대상별로 ① 결혼이민자의 조기정착과 자립역량 강화 ② 다문화가족의 안정적 생활유지 ③ 자녀의 건강한 성장 및 글로벌 인재 육성 ④ 국민의 다문화사회 이해 증진이다. 정책방향은 ① 결혼이민자와 자녀, 배우자 등 가족구성원 전체를 대상으로 정책을 체계화 ② 가족 생애주기별로 맞춤형 서비스 제공 ③ 민·관 협력을 통한 효율적 서비스 전달체계 구축이다. 대책은 다문화가족 생애주기에 맞춰 7대 정책과제, 21개 세부 추진과제, 66개 세부사업내용(신규사업 20개, 확대·강화 40개, 기존정책 6개)으로 구성되어 있다.

추진과제의 주요특징은 가족생애주기 전반에 걸쳐 배우자 교육, 가족 통합 교육, 부모자녀 프로그램 등 가족 전체를 대상으로 하는 사업을 체계화하고, 확대·다양화했으며, 특히 앞으로 우리 사회의 기둥이 될 자녀의 건강한 성장을 지원하기 위한 자녀 양육·보육 및 성장지원 정책에 비중을 두고 있다. 또한 결혼이민자가 겪는 가장 큰 어려움인 의사소통 문제를 해소하기 위한 통·번역 지원사업을 본격적으로 실시하는 방안을 포함하고 있다. 무엇보다도 대책은 서비스 등록·제공 시스템 정립, 다문화가족지원센터를 핵심전달체계로 확대 설치, 다양한 기관 간의 연계·협력 체계 구축 등을 통해 서비스 사각지대 해소와 중복을 방지해 사업 효율화와 수요자 체감도를 제고하는 데 초점을 두고 있다.

정책과제별 주요내용은 〈표 3〉과 같다.

① 결혼 준비기 : 결혼중개 탈법 방지 및 결혼예정자 사전준비 지원

결혼중개과정의 부정확한 정보로 인한 피해방지를 위해 국제결혼중개업자의 신상정보 사전제공 의무규정 신설 등 법령 개정을 추진하고, 중개업체와 이용자 간 공정 거래질서를 확립하기 위해 표준약관을 제정한다. 몽골 등에서 실시 중인 결혼이민자 사전정보제공 프로그램과 다문화가족

〈표 3〉 가족 생애주기별 7대 정책과제(2008년)

| 주기 | 정책과제 |
| --- | --- |
| 결혼 준비기 | 결혼중개 탈법방지 및 결혼예정자 사전준비 지원 |
| 가족 형성기 | 결혼이민자 조기적응 및 다문화가족의 안정적 생활지원 |
| 자녀 양육기 | 다문화가족 자녀 임신·출산·양육지원 |
| 자녀 교육기 | 다문화 아동·청소년 학습발달 및 역량개발 강화 |
| 가족역량 강화기 | 결혼이민자 경제·사회적 자립 역량 강화 |
| 가족해체 시 | 해체 다문화가족 자녀 및 한부모가족 보호·지원 |
| 전(全)단계 | 다문화사회 이행을 위한 기반 구축 |

자료 : 보건복지가족부, 「다문화가족 생애주기별 맞춤형 지원 강화대책」, 2008.

지원센터 사업을 연계하여 사전 프로그램 이수 결혼이민자 입국 시 다문화가족지원센터에 등록, 국적별 자조모임과 연계해 초기통역·정서지원 및 사회적응 프로그램을 진행한다. 한국인 국제결혼 예비 배우자 교육 참여율 제고를 위하여 지자체와 연계·협력을 강화해 혼인신고 시 해당 지자체에서 배우자 교육 프로그램 안내 및 참여 독려, 안내 리플렛 배포 등을 추진한다.

② 가족 형성기 : 결혼이민자 조기적응 및 다문화가족의 안정적 생활 지원

결혼이민자의 의사소통 지원을 위해 다문화가족지원센터 중심 통·번역 요원 파견 시스템을 구축하고, 보건복지콜센터에 외국어 가능 인력을 채용해 다국어 상담 및 연계 서비스를 실시하며, 통역 서비스 실시 시범 보건소를 확대하고, 다문화가족지원센터의 통·번역요원 파견 서비스를 활용해 부모 또는 학교 등에서 요청 시 부모상담을 위한 통역요원을 파견한다. 외국인 남편의 사회적응력을 제고하기 위해 법률, 의료 및 복지상담 서비스 등 외국인 남편 대상 포괄적 정보서비스를 제공한다. 다문화가족의 기초생활보장 지원을 위해 직계존속을 부양하는 국적 미취득 결혼이민자에 대하여 기초생활보장제도 특례 확대, 적용을 추진하고(현재는 자녀양육 중인 경우만 특례적용), 기초생활보장제도 확대 적용 시 자활사업 적용 대상도 확대하는 것을 검토하며, 국민기초생활보장법상 외국인에 대한 긴급지원제도 특례규정을 신설하고(현재는 사업안내지침에 따라 지원), '임신·자녀양육 중'인 결혼이민자만 대상으로 하던 것을 대한민국 국민과 결혼한 결혼이민자 전체로 적용범위 확대하는 것을 추진한다.

③ 자녀 양육기 : 다문화가족 자녀 임신·출산·양육 지원

다문화가족 산모·신생아의 건강관리, 산후 돌봄 서비스 제공을 위한 산모·신생아도우미 서비스 지원 대상을 저소득층 출산가정에서 중산층 가정까지 단계적으로 확대 추진하고, 임산부·영유아를 위한 영양지원·교육 프로그램을 전국 보건소로 확대 추진한다. 부모-자녀 간 자긍심을 향상하기 위해 다문화가족지원센터에서 부모와 자녀가 함께할 수 있는 프로그램을 개발·보급한다. 다문화가족 영·유아에 대한 보육지원 강화

를 위해, 일정소득 이하의 다문화가족 영·유아에 대한 무상보육료 지원을 검토하고, 보육시설이 없는 농어촌을 중심으로 마을회관 등 유휴공간을 활용하여 소규모보육 시범지역을 지정하며, 보육시설에서의 다문화 프로그램을 강화한다(다문화가정 아동·일반아동 대상 프로그램 개발, 다문화 프로그램 이수 보육교사 양성).

④ 자녀 교육기 : 다문화 아동·청소년 학습발달 및 역량 개발 지원

취학 전 영유아 언어발달 지원을 위해 보육시설을 중심으로 다문화 아동 대상 한국어교육 등 특별활동을 실시하고, 언어치료사를 보육시설 등에 파견하여 발달지연 아동에 대한 언어치료를 지원한다. 방과 후 인프라를 활용한 학습·성장 지원을 위해 지역아동센터를 방과 후 다문화 특화시설로 활용, 다문화 프로그램 보급 및 아동복지교사 파견을 지원한다. 다문화 아동·청소년 이중언어 역량 개발을 위해 다문화가족지원센터에서 언어별 교육강사(결혼이민자 활용)를 양성하여 보육시설, 지역아동센터 등 아동청소년 이용기관에 파견한다. '드림스타트'(dream start) 서비스 대상자 중 빈곤 다문화가정 아동(0-12세) 집중 사례관리를 통해 개별 욕구와 상황에 맞는 보건·복지·교육 맞춤형 통합 서비스를 제공한다.

⑤ 가족역량 강화기 : 결혼이민자 경제·자립 역량 강화

결혼이민자 취업·창업지원을 위해 지역 및 인적 자원 특성을 고려한 결혼이민자 적합 직종을 개발하고, 직업훈련을 강화하며, 지역별 다문화가족지원센터와 취업전담 지원기관 및 정부기관·지자체 간 일자리 연계 협력체계를 구축한다. 다문화가족을 정책주체로 참여케 하고 정책의 현실적 합성 제고를 위해 중앙 및 지자체 차원의 다문화정책 모니터링단 운영을 활성화·확대하고, 중앙 차원에 다문화가족 생활불편 해소창구를 개설하며, 결혼이민자의 자원봉사활동 등 지역사회 참여를 활성화한다.

⑥ 가족해체 시 : 해체 다문화가족 자녀 및 한부모가족 보호·지원

다문화가족 실태조사를 통하여 이혼사유 및 이혼 후 문제 실태를 파악한다. 무연고 방치 아동청소년 보호를 위해 CYS-Net을 활용한 신속 발견체계를 만들고, 다문화 아동청소년 전담 동반자를 육성해 전담 보호한다.

⑦ 전(全)단계 : 다문화사회 이행을 위한 기반 구축

체계적 서비스 지원을 위해 다문화가족 등록·서비스 관리 시스템을 구축해 한국어교육, 산전후 건강관리, 자녀양육지원 등 단계별로 필요한 서비스를 이메일, 전화, 자원봉사인력을 활용하는 안내 시스템을 마련한다. 다문화가족 지원 서비스 사각지대 해소를 위해 농촌지역 중심으로 다문화가족지원센터를 확대 운영하고, 다문화가족지원센터와 사회복지관, 주민자치센터, 마을회관 등 지역 인프라 간 프로그램 지원·연계로 서비스 접근성을 강화한다. 민·관 협력의 효율적 사업 추진을 위해 지역 단체·기업 등과 연계한 멘토링 서비스, 자원봉사를 활성화하고, 다문화가족지원센터 및 지자체—민간단체—기업 간 협력 네트워크 구성으로 사업 연계를 강화한다. 대국민 다문화 인식개선과 문화 다양성 존중의 차원에서 가족관계등록부에 생년월일 및 외국인등록번호가 기재될 수 있도록 관련 부처(법원행정처)와 협의하여 추진하고, 16개 시·도별 결혼이민자 등 다문화가족으로 '다문화 홍보대사'를 위촉하여 각종행사 시 다문화 홍보의 주역으로 활동하도록 한다.

정부의 결혼이민자 지원 대책은 복지사각지대를 줄이는 데 초점이 맞춰져 있다. 선진 복지국가와 한국의 이민자통합정책을 비교할 경우 한국의 현행 정책은 매우 세분되어 있는 데 반해, 유럽 선진국의 정책은 ① 체류자격과 국적 관련 정책과 ② 이민자를 위한 언어와 적응교육만이 두드러질 뿐 나머지 정책은 특별히 드러나지 않는다. 그 이유는 그 나라에 거주하는 모든 국민·주민을 대상으로 하는 '보편적 서비스'에 의거하여 이민자 통합 문제를 해결하는 비중이 크기 때문이다. 영국·프랑스·독일에서는 '외국인 등록'을 필하고, 합법적 '체류허가'를 가진 모든 외국인에 대해 사회복지제도의 혜택을 부여하고 있는 데 반해, 우리나라는 그렇지 못하기 때문에 오히려 수많은 정책을 추진하는 것처럼 보인다. 그렇지만 영국·프랑스·독일 사례에서도 살펴보았듯이 각국 정부는 '자국인의 배우자'인 결혼이민자에 대해 귀화하기 이전이라도 내국인과 동등한 체류자격을 부여하고, 사회복지혜택을 제공하고 있다.

우리나라에서도 결혼이민자에 대해서는 정책적 발상의 전환이 필요하다. 그들이 한국인으로 귀화를 했든 안 했든 '한국인의 배우자·부모·자녀'라는 점에 주목하여야 한다. 결혼이민자는 한국인의 가족 성원인 이상 자녀가 없고, 외국 국적을 유지하더라도 복지제도 적용에서 차별이 있어서는 안 된다. 한국인의 가족이라는 점을 고려하여 다른 선진국과 마찬가지로 자국민과 차등 없는 경제적·사회적·문화적 권리를 부여하는 정책을 추진하여야 한다. 예산 제약이란 난점이 있지만 장기적으로는 결혼이민자에 대해서는 사회복지제도를 국민과 동일하게 적용하도록 하여야 한다. 여러 유형의 외국인 중에서 '영주자'(F-5)와 '한국인의 배우자'(F-2-1) 및 '영주자의 배우자'(F-2-2)에 대해서는 '내국민 대우'를 해 주는 방향으로 중장기 예산계획을 세워야 할 것으로 본다.

실태조사 결과에 의하면, 결혼이민자 가족의 절반 이상이 기초생활보장제도의 적용을 받아야 할 것으로 나타났다. 이는 한국 정부가 한국인의 배우자에 대해서는 그 '혼인의 진정성'만을 따져 '위장결혼'이 아닌 경우 '인도적 관점'에서 거주 사증을 발급한 결과로 해석된다. 그런데 캐나다·영국·프랑스·독일 등 선진복지국가에서는 자신의 배우자에게 안정된 주거와 생활여건을 제공할 능력이 없는 자에 대해서는 배우자에게 가족초청 비자를 발급하지 않는다. 거주지와 재정 능력을 입증할 수 있는 서류를 제출하고, 일정 기간 복지 혜택을 받지 않아도 생활할 수 있음을 확인하는 가족 또는 친인척 등의 연대 보증서를 제출하도록 요구하고 있음을 고려해야 한다. 매우 야박하게 들리겠지만 이러한 정책이 전 지구적 표준임은 부인할 수 없는 사실이다.

우리나라에서는 국제결혼중개업체가 알선하는 국제결혼이 성행하고 있음을 고려할 때, 이러한 제도를 도입할 경우 결혼이민자의 기초적 생활보장을 한국인 배우자에게 요구함으로써 최소한의 경제적 지위 보장을 도모할 수 있는 효과를 거둘 수 있을 것으로 기대한다. 아울러 국제결혼중개업체가 이러한 규제를 피하기 위하여 탈법 행위를 할 경우 처벌할 수 있는 장치의 기능을 할 수도 있을 것으로 본다. 이 제도가 시행되어 정착될 경우 결혼이민자에게 차등 없는 복지 혜택을 부여하기는 매우 용이한 일이 될 것이다.

## 4. 외국인 유학생 정책 동향

국내 대학 캠퍼스에 외국인 학생이 부쩍 늘었다. 교육과학기술부의 '국내 유학생 통계'에 따르면 국내 대학에 재학 중인 외국인 유학생은 1994년 1,879명에 불과했으나, 2001년 1만 1,646명, 2002년 1만 2,314명, 2003년 1만 6,832명, 2005년 2만 2,526명, 2006년 32,557명, 2007년 49,270명, 2008년 63,952명으로 늘어났다(표 4 참조). 10년 전만 하더라도 서울의 주요 대학 내 한국어학당이나 국제학대학원 근처에서만 볼 수 있었던 외국인 유학생들이, 최근 들어서는 전국 각 대학의 학부 강좌와 대학원 세미나에서 드물지 않게 볼 수 있게 되었다.

〈표 4〉 한국의 외국인 유학생 수(2003-2008년)

(단위 : 명)

| 2003 | 2004 | 2005 | 2006 | 2007 | 2008 |
| --- | --- | --- | --- | --- | --- |
| 12,314 | 16,832 | 22,526 | 32,557 | 49,270 | 63,952 |

자료 : 교육과학기술부, 「2008년도 국내 외국인 유학생 통계 : 대학 이상」, 2008.

2008년 외국인 유학생 통계를 통해 유학형태를 살펴보면, 자비 유학생 85.9%, 대학초청 장학생 7.8%, 정부초청 장학생 1.3%, 자국 정부파견 장학생 0.9%, 기타 4.0%의 순으로, 자비 유학생이 압도적 다수를 차지하고 있고, 일부 대학초청 장학생이 있다. 기타 한국 정부 또는 출신국 정부에서 국비장학금을 받은 유학생은 극소수에 불과하다. 출신국별로는 중국 70.0%, 일본 5.2%, 미국 2.3%, 베트남 2.8%, 대만 1.8%, 몽골 3.2%, 기타 14.7%의 순이다. 중국을 비롯한 6개국 출신이 85.3%를 차지하여 특정국에 치우쳐 있다. 전공별로는 인문·사회계 42.8%, 이공계 11.6%, 자연계 5.1%, 예·체능계 3.9%, 기타 전공 6.0%, 어학연수생 30.5%의 순이다. 이공계보다는 인문·사회계가 대다수를 차지한다는 점도 주목할 대상이다. 국내 대학의 외국인 유학생들의 특성을 한마디로 요약하면 개발도상국 출신의 인문·사회계 전공 자비 유학생이라 할 수 있다.

이처럼 외국인 유학생이 증가한 원인은 대학의 외국인 유학생 유치 노력과 정부의 정책적 지원이라는 두 측면에서 찾을 수 있다. 먼저 국내 대학들은 우수 외국인 학생을 유치하거나 학생 충원에 어려움을 타개하기 위한 목적에서 외국인 유학생 유치 노력을 기울이고 있다. 한쪽에서는 전지구화를 기치로 '교류·협력'의 차원에서 우수한 외국인 학생들을 적극적으로 유치하는 데 중점이 있다면, 다른 한쪽에서는 만성적 신입생 확보난을 해결하기 위한 새로운 '시장' 개척이라는 관심이 더 크다. 특히 신입생 충원율이 낮은 대학에 '칼'을 들이대는 대학구조개편방안이 발표된 후, 외국인 유학생 유치를 대학 생존 전략의 하나로 삼고 있는 대학들도 늘어나고 있다.

다음으로 정부는 국내 대학의 외국인 유학생 유치 노력을 정책적으로 지원하고 있다. 교육인적자원부에서는 '외국인 유학생 유치확대 종합방안: 스터디 코리아(Study Korea) 프로젝트'를 2001년 수립하여 시행하고 있다. 이 정책의 기본방향은 선진국과 개발도상국을 잇는 중추적 역할을 담당할 인재를 양성하고, 국내 교육체계의 세계화를 도모하여 국제 경쟁력을 높이며, 유학하고 싶은 나라로 한국의 이미지를 개선하는 데 두고 있다. 외국으로 빠져나가는 국내 대학생 수에 비해 국내로 들어오는 외국 유학생 수가 현저히 적은 '유학·연수 수지 적자'를 개선하는 데 정책의 초점이 맞추어져 있기 때문에, 유학생의 질적 측면보다는 수량적 측면을 중시해 왔다는 비판을 받고 있다.

학생 유치난을 벗어나기 위해 일부 대학에서는 유학생 유치에 혈안이 되어 머릿수를 늘리는 데만 급급해 검증되지 않은 유학생을 대거 유치하고 있다. 외국인 유학생 선발을 현지 유학원에 일임하거나, 유학박람회 등을 통해 무분별하게 유치하는 등 유학생의 자질을 꼼꼼히 따지지 않은 채 선발하고, 그 관리를 소홀히 하는 사례가 적지 않다.

그러한 대학에서는 미등록 취업을 위한 중도이탈 유학생이 속출하고 있다. 한동안은 외국인 유학생이 이탈했어도 대학 측이 그 사실을 숨기며 방관해 왔으나, 법무부는 2005년 9월부터 대학들의 철저한 유학생 관리를 유도하기 위해 외국 유학생 이탈자 신고를 의무화하였고, 2006년부터는 이탈 사실을 은폐한 대학에 대한 처벌 규정까지 신설하였다. 그 결과 대학 측에서 법무부 출입국관리사무소에 유학생의 이탈신고를 하는 건수가 최근 대폭 늘어났다. 국내 제조업체에 외국인 유학생의 취업을 알선하는 브로커가 경찰에 적발된 사례도 적지 않다. 상황이 이렇다 보니 저개발국 출신의 유학생들은 '학생을 사칭한 불법체류자'라는 오명의 대상이 되고 있다. 현재 유학생들은 입국 후 6개월이 지나면 하루 4시간씩 시간제 취업(아르바이트)을 할 수 있다. 법무부는 전문대 이상의 교육기관에서 6개월 이상 재학한 학생에게 유학생 시간제 취업을 허가하고 있다. 유학생은 담당 지도교수의 추천을 받아 시간제 취업허가를 신청할 수 있는데, 취업허가의 유효기간은 1년, 근무 장소는 2개이다. 이와 같은 조치는 유학생들의 음성적인 취업활동을 차단하기 위해 도입되었으나, 유학생을 빙자한 이주노동자를 차단하는 데는 역부족인 상황이다.

외국인 유학생의 이미지가 이렇게 추락하는 것을 더 이상 방치해서는 안 된다. 그럴 경우 우수한 유학생을 유치하여 국내 학계와 산업현장에 투입하는 인재로 길러 내고, 또 귀국 후 한국 학문·기술·문화 등을 한류 열풍을 확산시킬 수 있는 인재를 양성하고 있는 대학들이 피해자로 내몰릴 수밖에 없다. 특히 지방대학과 전문대학들은 유학생 부실 관리의 원흉이라는 의혹의 눈초리를 도매금으로 받고 있다. 그러나 그중에는 피부, 미용, 의류디자인 등 특색 있는 전공분야에서 유학생들을 훌륭한 인재로 길러 내는 대학들도 많음을 명심할 필요가 있다.

결국 외국인 유학생 정책의 핵심 과제는 우수한 유학생을 유치하여 훌륭한 인재로 길러 내어 대학의 핵심 경쟁력을 높이는 곳을 집중적으로 지원하고, 재정위기 타개책으로 유학생을 무분별하게 받아들이는 대학은 과감히 퇴출시키는 방안을 찾아내어 집행하는 데 있다.

만약 유학생들이 퇴출되어야 마땅한 부실 대학을 연명시키는 수단으로 활용된다면, 국내 대학과 기업의 국제 경쟁력을 저하시킬 것이며, 종국에는 한국사회 발전의 지속가능성을 훼손할 수밖에 없음을 직시하여야 한다. 동시에 정부는 가난한 나라의 우수 유학생을 유치하기 위한 정책 수단을 적극적으로 개발하고, 국내에 유학 중인 학생들이 학업을 지속할 수 있는 통로를 개발·허용하여야 한다.

이러한 점을 고려하여 생계비와 학비 마련을 위해 '시간제 취업허가를 받지 않고 취업한 유학생'과 '학생을 빙자한 미등록 이주노동자'를 구별하여 제도를 운영하여야 한다. 전자에게는 법이 허용하는 최대한의 아량을 베풀고, 후자에 대해서는 원칙에 따라 철저하게 엄격히 단속하는 게 관건이다.

저출산·고령화 추세의 심화로 인해 노동력 부족이 예견되는 상황에서 외국인 유학생 정책의 위상을 재정립하는 게 필수적이다. 그것은 현재와 같이 교육정책의 틀 안에서만 결정되어서는 곤란하고, '우수 외국인력 유치 지원'과 '유학생들의 한국사회 적응 지원'이라는 외국인·이민자 정책의 관점을 결합하여야 한다.

외국인 유학생은 국내 기업을 비롯한 각종 조직이 우수 인재를 안정적으로 공급받을 수 있는 유용한 통로다. 그렇기 때문에 우수 유학생 유치를 둘러싼 국제사회의 경쟁이 활발히 이루어지고 있다. 이러한 경쟁 상황에서 한국으로 외국인 유학생을 유치하기 위한 정책을 개발하여야 한다. 유학생의 선발·입국·체류·교육·생활 및 졸업 후 진로에 이르기까지 일관된 절차를 비전과 함께 제시하여야 한다.

## 5. 기타 외국인 정책 동향

### 1) 영주자

이주노동자와 결혼이민자 및 유학생 다음으로 수가 많은 외국인 범주는 영주자다. 한국에서 영주체류자격은 2002년 4월 출입국관리법 시행령을 개정하여 신설되었다. 영주체류자격제도가 도입된 배경은 여러 가지 이유로 불가피하게 한국에서 장기간 거주하고 있는 장기체류외국인(특히 재한화교)이 다수 존재함에도 한민족이 아니라는 이유로 법적·경제적 차별을 받았는데, 이는 오랫동안 국제인권법적 차원에서 시정해야 할 대상으로 지적되어 왔고, 1990년대 후반 한국사회의 민주화와 함께 장기체류외국인에 대한 인권문제가 사회적으로 관심을 끌었기 때문이다. 이처럼 영주제도가 늦게 도입된 것은 그동안 재한화교가 국내에서 심한 차별을 받아왔음을 말해 준다.

　재한화교는 영구적인 삶의 터전을 한국에 두어 왔음에도 불구하고 일시적인 체류자로 간주되어 1999년 출입국관리법 개정이 있기까지는 3년, 현재는 5년으로 한정된 체류기간을 인정받아 주기적으로 체류자격을 갱신해야 하는 번거로움을 겪고 있다. 1997년 외국인토지법이 개정되기까지는 토지소유도 엄격하게 제한 받았다. 생활의 모든 면에서 객관적으로 인정될 만큼 대한민국과 유대를 가지고 있고, 계속 대한민국에서 거주하고 활동할 의사를 가지고 있는 정기거주 화교에게 단지 일시적으로 체류할 뿐인 외국인과 동일한 법적 지위를 부여하는 것은 타당하지 않다는 일각의 주장이 제기되면서 화교의 법적 지위를 개선하기 위한 노력이 나타나기 시작하였다.

　외국인 영주제도는 한국에서 장기 거주하는 외국인에 대한 합리적인 지위개선과 보호를 위한 법적·제도적 장치를 마련함으로써 우리나라에 정주하고 있는 외국인으로 하여금 안심하고 그들의 삶을 영위할 수 있도록 하는 데 목적이 있다. 국내 영주자의 압도적 다수는 대만 국적의 화교이다. 2007년 영주권자 16,460명 중 12,157명이 대만 국적자였다. 2005년 7월 개정된 출입국관리법시행령이 적용되기 시작한 2005년 9월 25일부터는 '한국인의 배우자'도 체류기간이 2년이 경과한 후에는 영주권을 신청할 수 있도록 바뀌었다. 그 결과 시간이 흐를수록 영주권자의 국적이 다양화되고 있다.

　일정 요건을 갖춘 영주자격 소지자는 '공직선거법', '주민투표법', '주민소환에 관한 법률' 등을 통해 주민(住民)으로서의 자치권을 가진다. 외국인 영주자를 '주민'으로 인정하여 선거권과 주민투표권 및 주민소환권을 부여한 나라는 한국이 아시아에서는 최초이다. 이는 외국인 차별 금지라는 대원칙을 실천에 옮긴 선진적 제도로 평가된다.

　2004년 1월 주민투표법의 제정으로 "20세 이상의 외국인으로서 출입국관리 관계법령의 규정에 의하여 대한민국에 계속 거주할 수 있는 자격

(체류자격변경허가 또는 체류기간연장허가를 통하여 계속 거주할 수 있는 경우를 포함한다.)을 갖춘 자로서 지방자치단체의 조례가 정하는 자"에게 주민투표권이 부여되었고, 2005년 7월 27일 제주도의 지방자치단체를 없애고 단일광역자치단체로 개혁하는 혁신안에 대한 주민투표가 실시되었을 때 외국인들이 최초로 투표권을 행사하였다.

또 2005년 8월 공직선거법의 개정으로 2006년 5월 31일 제4회 전국동시지방선거에서도 외국인이 투표권을 행사할 수 있었다. 대통령선거와 국회의원총선거는 국민의 대표를 뽑지만, 지방선거는 주민의 대표를 뽑는다는 점을 고려하여 법을 개정하였기 때문이다. 선거일을 기준으로 영주권을 얻은 뒤 3년이 지난 19살 이상의 외국인들에게 선거권이 주어진다. 한편 '주민소환에 관한 법률'은 2006년 5월 24일 법률 제7958호로 제정되어 2007년 5월 25일부터 시행되고 있다. 아직까지 주민소환제가 적용된 사례는 없다.

2) 재외동포 사증 소지자

우리나라에는 1999년부터 '재외동포' 체류자격이 신설되어 영구 정착까지 허용하고 있다. 1999년 9월 2일 법률 제6015호로 공포되어 같은 해 12월 3일부터 시행된 '재외동포의 출입국과 법적 지위에 관한 법률'(이하 재외동포법)은 재외동포가 국내에서 내국인과 거의 대등한 법적 지위를 누릴 수 있도록 하려는 목적에서 제정되었다. 재외동포법은 지구촌시대 세계경제체제에 부응하여 재외동포에게 모국의 국경 문턱을 낮춤으로써 재외동포의 생활권을 광역화·국제화함과 동시에 우리 국민의 의식형태와 활동영역의 국제화·세계화를 촉진하고, 재외동포의 모국에의 출입국 및 체류에 대한 제한과 부동산 취득·금융·외국환거래 등에 있어서의 각종 제약을 완화함으로써 모국투자를 촉진하고 경제회생 동참분위기를 확산시키며, 재외동포들이 요구하는 이중국적을 허용할 경우 나타날 수 있는 병역·납세·외교관계에서의 문제점과 국민적 일체감 저해 등의 부작용을 제기하면서 이중국적 허용요구에 담긴 애로사항을 선별 수용함으로써 모국에 대한 불만을 해소하기 위하여 제정된 것이다.

'재외동포 사증'(F-4)을 받고 입국하여 주민등록증에 해당하는 '국내거소(居所) 신고증'을 발급받은 재외동포는 2년간 자유롭게 출입국할 수 있고, 부동산 매매와 국내금융기관 이용은 물론 건강보험 혜택도 받을 수 있게 되었다. 즉, 이 법을 통해 '외국국적동포'라 할지라도 재외동포 사증을 발급받은 자는 참정권과 병역의무를 제외한 권리와 의무를 누릴 수 있게 되었다. 영주 또는 재외동포 사증을 가진 외국인은 한국에서 정착자로 간주되어 한국인과 거의 다름없는 대우를 받지만, 공공부조의 적용 대상에서 배제되며, 한국어와 한국문화 적응 교육 서비스 프로그램의 수혜 대상에서도 제외된다. 영주자에게 기초생활보장제도 등 공공부조 프로그램을 적용하지 못하는 까닭은 '제한된 예산' 때문이다. 결식아동이나 무연고 노인 등 복지사업예산에 비해 영주자 대상 공공부조가 항상 후순위로 몰리고 있다.

### 3) 난민

우리나라는 1992년 '난민의 지위에 관한 협약'(Convention relating to the Status of Refugees : 난민협약)과 '난민의 지위에 관한 의정서'(Protocol relating to the Status of Refugees : 난민의정서)에 가입하였고, 1993년 출입국관리법과 출입국관리법시행령에 난민인정조항을 신설하여 난민인정제도를 도입하였다. 난민협약과 난민의정서는 각국 정부가 "인종·종교·국적·특정사회집단의 구성원 신분 또는 정치적 의견을 이유로 박해를 받을 우려가 있다는 충분한 근거가 있는 공포"가 있는 사람에게 비호를 제공할 의무를 지는 것으로 규정하고 있다. 난민에게 비호를 제공하는 것은 평화적이고 인도적인 행위이지만, 실제로는 대부분의 국가는 난민 배출국과 외교관계가 껄끄러워지는 것을 우려하여 비호를 좀체 제공하지 않으려 한다. 이 점에서는 약소국과 강대국이 별로 다르지 않다. 그렇기 때문에 난민신청자 중 극히 일부만 '난민'으로 인정받는다.

1993년 난민인정제도 도입 이후 2000년까지 101명의 외국인이 대한민국에 난민인정신청을 하였으나, 한국 정부는 단 한 건도 난민으로 인정하지 않았다. 그러다가 2001년에 최초로 1명을 난민으로 인정하였고, 그

후 2002년에 1명, 2003년에 12명을 난민으로 인정하였다. 2007년 12월 31일까지 난민신청자는 총 1,804명인데, 그중 65명만 난민 지위를 부여 받았다. 한국 정부가 13년 동안 인정한 난민 수가 불과 52명에 불과한 것은 난민인정제도를 인권 선진국을 표방하기 위한 일종의 구색 맞추기 식으로 운영해 왔음을 뜻한다. 난민 '인정'자 이외에 '인도적 지위'를 부여 받은 사람은 53명이다.

## 6. 다문화사회에서 국가와 시민사회 및 이민자의 대응 방안

한국사회에는 이미 수많은 외국인과 이주자가 거주하고 있다. 이미 한국의 주요 도시에는 인종적·민족적 다양성이 이미 충분히 확보된 상태이다. 그렇지만 한국인들이 외국인과 함께 어울려 살 준비는 아직 덜 되어 있다. 일부 한국인들은 외국인의 유입을 순수혈통을 훼손하는 잡종교배로 파악하기까지 한다. 한국인들의 외국인에 대한 배타의식은 경우에 따라서는 차별적인 태도로 발현되는바 이에 대한 대책을 마련하는 게 필요하다.

다문화사회를 건설하기 위해서는 외국인·이주자와 한국인 양자가 함께 노력하여야 한다. 어느 한쪽이 일방적으로 적응하는 것이 아니라 쌍방이 각각 상대방에게 적응하여야 한다. 그렇지만 적응의 부담은 '뿌리 뽑힌 삶'을 영위해야 하는 외국인·이주자에게 더욱 가중된다. 그들은 한국어를 익혀야 하고, 한국문화와 관습을 이해하고 적응하려 노력해야 한다. 한국인들의 부담은 외국인·이주자만큼 크지는 않으나, 낯설고 이질적인 존재를 용인하고 이해하여야 하는 과제가 던져진다. 한국인들은 인종적·문화적 다양성을 인정하고 존중하는 자세를 학습하여야 한다.

이민자를 일방적으로 '피해자' 또는 '구호대상자'로 보는 관점은 극복되어야 한다. 그들은 자신의 삶을 적극적으로 타개하는 진취적인 인간이다. 이민이 사회구조적 속박에 의해 좌우되는 것은 사실이지만, 본인 또는 그 가족의 자발적 선택에 의하여 이루어진 것이 주류를 이룸을 무시해서도 안 된다. 인권침해는 인간의 기본적 가치가 훼손된 것이므로 "한 건의 인권침해도 용납하지 않겠다."(zero tolerance)는 자세를 견지하는 것이 중요하다. 그렇지만 인권 사각지대가 존재하고 있는 현실에서는 이민자 인권침해가 다량 발생하는 지점을 파악하여 정책의 우선순위를 설정하여 시행하는 전략적 접근을 취해야 한다.

이민자의 사회통합 지원과 관련한 향후 과제를 한마디로 요약하면 '사회적 포함(social inclusion)의 실천'이다. 사회적 배제(social exclusion)를 극복하기 위한 제도 개선 노력이 가시적 성과로 이어지기 위해서는 한국사회의 전체 구성원들이 부단히 노력하는 길밖에 없다. 한국사회의 구성원들이 사회적 포용을 삶의 현장에서 실천하여야 한다. 정부는 규제와 지원이라는 두 방향에 걸친 이민자 사회통합 정책을 적절히 활용하여 시민사회의 노력이 결실을 거두도록 지원하여야 한다.

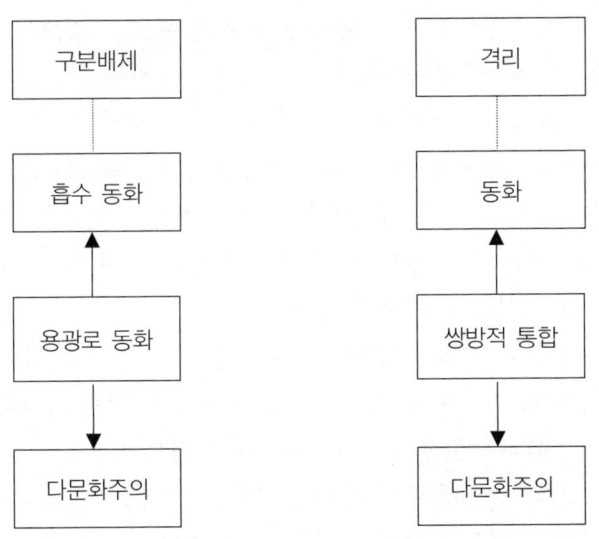

가. 카슬·밀러 및 고든의 모형        나. 국제이주기구의 모형

〈그림 2〉 이민 수용국 사회의 이민자 사회통합정책 모형

결혼이민자통합정책에 대한 이론적 기반을 정비하는 것이 필수적이다. 〈그림 2〉는 이민자 사회통합정책의 유형을 구분한 것이다. 이민 수용국 사회가 이민자·이주노동자를 통합하는 방식은 구분배제모형, 동화모형, 다문화주의모형의 세 가지 유형으로 구분할 수 있다(Castles and Miller, 2003 ; Castles, 2007 ; Seol, 2005). 구분배제유형이 외국인 또는 이민자에게 가장 배타적 태도를 취한다면, 다문화주의모형은 가장 우호적 태도를 취하며, 동화모형은 그 중간에 해당된다.

고든(Gordon, 1978)은 동화를 '흡수 동화'와 '용광로 동화'라는 두 유형으로 구분한다. '흡수 동화'(absorption assimilation)는 소수민족집단의 성원이 지배집단의 생활방식에 적응하는 것을 가리킨다. '용광로 동화'(melting pot assimilation)는 소수민족집단 성원이 주류사회의 수많은 새로운 행동 유형과 가치를 받아들이며 문화적으로 섞이는(cultural blending) 과정을 뜻한다. 용광로 속에서 쇠붙이가 녹는 것처럼 주류사회의 문화와 소수민족집단의 문화가 혼융된 새로운 것으로 변화한다는 것이다. 한편 국제이주기구(International Organization for Migration, 2004 : Section 3.6)에서는 여러 나라 정부가 추구하는 이민자 사회통합 목표를 기준으로 동화, 쌍방적 통합, 다문화주의, 격리의 네 유형으로 구분한다. 국제이주기구의 분류 체계는 앞서 소개한 카슬과 밀러(Castles and Miller, 2003)와 고든(Gordon, 1978)의 분류 방식을 결합하여 이름을 다르게 붙인 것으로 이해할 수 있다.

이처럼 이민자사회통합정책의 스펙트럼이 다양함을 인식하고, 대상별로 접근하는 방식이 바람직하다. 그러기 위해서 현재 나타나고 있는 몇 가지 경향에 대하여 성찰하는 자세를 가질 필요가 있다.

우선 '다문화·다인종사회'의 이민자통합정책은 다문화주의가 최선인 것처럼 생각하는 세간의 오해는 극복되어야 한다. 또 동화모형은 구시대의 유물인 것처럼 파악하는 시각도 잘못된 것이다. 한국 정부의 이민자통합정책은 공화주의 동화모형(특히 '용광로 동화모형' 또는 '쌍방적 통합모형')과 다문화주의모형의 장단점을 고려하여, 한국 실정에 적합한 것을 채택하여야 한다. 물론 제국주의적 동화모형은 고려대상이 되지 않는다.

이민자들이 한국어만 사용하도록 하고, 한국식 이름으로 고치도록 강요하는 과거 조선총독부가 식민지 한국인에게 강요한 '흡수 동화' 방식은 결코 대안이 될 수 없다.

그러나 공화주의 동화모형은 충분히 고려할 만한 가치가 있다. 톨레랑스(tolérance, 寬容)와 라이시테(laïcité, 政敎分離原則)로 유명한 프랑스의 이민자통합정책은 '공화주의 동화모형'으로 불린다. 그 핵심은 이민자를 동화시켜 프랑스 국민을 형성한다는 것이다. 그것은 '공동체나 집단 수준의 동화'가 아니라 '개인 수준의 동화'를 전제로 한다. 정부와 시민단체들은 이민자들에게 프랑스어와 기술을 가르쳐 주고 프랑스문화에 익숙해지기 위한 교육을 실시하고 있는데, 그 역시 이민자들이 프랑스 국민으로 쉽게 동화되도록 하는 데 목적이 있다. 그러므로 프랑스에서 이민자에게 장기간에 걸친 문화적·민족적 다양성을 제공하는 정책은 발견되지 않는다.

다음·다문화주의(multiculturalism) 이민자통합정책은 캐나다·오스트레일리아·미국·스웨덴 등 전체 국민 중에서 이민자 집단 또는 소수민족집단이 차지하는 비율이 상대적으로 높은 나라들이 채택하고 있다. 다문화주의정책은 이민자들이 장기간에 걸쳐 본국 문화를 유지하도록 적극 지원하거나, 본국 문화를 유지하는 것을 방관하는 두 가지 유형이 있다. 전자를 개입주의모형, 후자의 자유방임주의모형이라 칭한다. 전자의 사례로는 캐나다와 오스트레일리아가, 후자의 사례로는 미국이 주로 거론된다. 각국 사회에서 다문화주의정책이 등장한 요인에 주목하여야 한다. 캐나다는 프랑스어 사용 지역의 분리 독립을 예방하기 위하여, 오스트레일리아는 아시아 출신 이민자를 유치하기 위해서 다문화주의정책을 채택하였다.

우리나라의 이민자통합정책은 어떠한 것이 바람직할까? '공화주의 동화모형'과 '다문화주의모형'이 이분법적으로 구분되는 것이 아니라는 사실을 인식하면 해답을 찾기가 훨씬 쉬울 것이다. 두 모형의 대표격인 프랑스와 캐나다의 이민자통합정책을 보면, 차이점 못지않게 유사점이 많다. 현재 한국의 정책과 그 두 나라의 정책을 비교·분석하면, 우리나라가 추구해야 할 이민자통합정책의 골격이 좀더 분명하게 드러날 것이다. 이민자 집단별로 충원과 수용 원칙이 다른 것처럼 그들에 대한 통합 모형도 여러 갈래로 설정하는 것이 바람직하다.

## 7. 한국사회의 다문화교육[2]

어떤 유형의 정책을 취하든 '다문화교육'은 이민자통합정책의 핵심 수단이다. 다문화교육은 이민자와 한국인이 상대방에 대해 제대로 알게 하고, 궁극적으로 상대방의 처지를 이해할 수 있도록 가르치는 것이다. 프랑스와 아일랜드 또는 캐나다 정부 모두 이민자에 대한 '자국어 교육'을 강조하고 있다. 동시에 그 나라들에서는 공통적으로 내국인을 대상으로 한 '타 문화 이해교육'도 중시한다.

다문화사회의 진입단계에 있는 한국사회에서도 '다문화교육'은 매우 중요하다. 일자리·배우자·학교 등을 찾아 한국으로 온 세계 여러 나라 사람들과 원래부터 한국 땅에 살고 있던 사람들이 어울려 살아야 하는 것은 피할 수 없는 현실이다. 한국인과 이민자가 함께 생활할 수밖에 없는 상황에서 한국사회 구성원 모두는 '더불어 사는 방법'을 학습해야 한다. 이민자가 한국어와 한국문화를 익힐 수 있도록 지원하고, 한국인들에게 '이민자와 어울려 사는 자세'를 가르쳐야 한다. 공생 또는 상생의 열쇠는 한국사회 구성원 모두가 '입장 바꿔 생각해 보기'(易地思之)의 자세를 익히는 데 있다.

다문화교육의 내용과 방법론에 대한 성찰이 있어야 한다. 방송을 통해 종종 접하는, 이민자에게 일방적으로 한국문화를 주입하는 방식은 지양해야 한다. 전통예절, 한복, 다도(茶道) 등 일반 한국인들도 익숙하지 않은 전통 한국문화를 이민자에게 익히도록 강요하는 것은 피해야 한다. 그들이 한국에서 일상생활을 하는 데 필수적인 한국어 교육을 하면서, 그

---

[2] 설동훈, "다문화교육의 방향," 「교육정책포럼」 제196호, 2009.

내용에 정치·경제·사회 문제를 포함하도록 하는 방식이 좋다. 다문화교육은 한국인 대상 교양강좌를 이민자에게 적용하는 것이 아님을 명심해야 한다.

다문화교육은 한국인에게도 이루어져야 한다. 한국인 대상의 다문화교육은 '국제이해교육' 또는 '다른 나라 문화의 이해' 등으로 개념화되어 있다. 이민자의 유입으로 한국사회의 문화적 다양성이 증가하여 사회적 활력이 생기는 밝은 측면이 많지만, 일자리에서의 경쟁, 범죄 등 어두운 측면도 있다. 다문화교육의 내용은 실체적 진실을 국민들에게 알리면서, 새로운 상황에 대처하는 방법을 가르치는 것이어야 한다. 내국인 대상의 다문화교육이 성공적으로 이루어질 경우 이민자에 대한 '선입견', '배타성', '관심·지식의 결여' 등의 문제가 자연스럽게 해소될 것이다.

다문화교육의 방법론과 관련해서 중요한 것은 다문화교육의 주체는 정부·학교뿐 아니라 대중매체·기업·사회단체·가족 등 사회 구성원 전체라는 점이다. 다문화교육의 종류를 살펴보면 이민자 대상 한국어·한국문화교육, 공무원을 대상으로 한 다문화교육, 교육과학기술부에서 마련한 교과과정으로 제도화된 '학교에서 행하는 다문화교육' 등 강의를 위주로 한 것이 있는가 하면, 방송 프로그램, 신문·잡지 등의 기사, 기업과 시민단체의 캠페인 등의 형태를 띠기도 한다. 말하자면 정부와 학교 등 공식적 교육을 담당하는 기관뿐 아니라 시민사회의 자발적 참여가 중요하다. '위로부터의 정책'과 '아래로부터의 자발적 참여'가 함께 어우러져야 하는 것이다.

체계적 다문화교육을 받은 한국인과 이민자는 갈등 예방 요령을 터득할 것이고, 갈등이 발생했을 경우에는 그 해결의 방법을 쉽게 찾아낼 것이다. 다문화교육을 통해 원주민 한국인과 이민자는 사회적 갈등의 크기와 지속기간을 줄이는 지혜를 터득할 수 있을 것이다.

# 참고문헌

교육과학기술부·법무부·행정안전부·지식경제부·노동부·국가경쟁력강화위원회. 「글로벌 고급인력 유치 방안」. 2008.
국가인권위원회. 「외국인 진정 관련 결정례 등 자료 모음집」. 국가인권위원회 인권침해조사국. 2005.
노동부·법무부·보건복지가족부·국가경쟁력강화위원회. 「비전문 외국인력 정책 개선방안」. 2008.
보건복지가족부. 「다문화가족 생애주기별 맞춤형 지원 강화대책」. 2008.
설동훈. 「외국인노동자와 한국사회」. 서울대학교출판부, 1999.
설동훈. "한국의 외국인노동자 인권 실태와 대책." 「인권과 평화」 2(1). 2001.
설동훈. "외국인노동자와 인권 : '국가의 주권'과 '국민의 기본권' 및 '인간의 기본권'의 상충요소 검토." 「민주주의와 인권」 5(2). 2005.
설동훈. "이주노동자와 인권." 인권법교재발간위원회 편, 「인권법」. 아카넷, 2006.
설동훈. "국제노동력이동과 외국인노동자의 시민권에 대한 연구 : 한국·독일·일본의 사례를 중심으로." 「민주주의와 인권」 7(2). 2007a.
설동훈. "혼혈인의 사회학 : 한국인의 위계적 민족성." 영남대학교 인문과학연구소, 「인문연구」 52. 2007b.
설동훈. "다문화교육의 방향." 「교육정책포럼」 제196호. 2009.
설동훈·박경태·이란주. 「외국인 관련 국가인권정책기본계획 수립을 위한 연구」. 국가인권위원회, 2004.
설동훈·이혜경·조성남. 「결혼이민자 가족실태조사 및 중장기 지원정책방안 연구」. 여성가족부, 2006.
설동훈·최홍엽·한건수. 「국내 거주 외국인노동자 인권실태조사」. 국가인권위원회, 2002.
설동훈·한건수·이란주. 「국내 거주 외국인노동자아동의 인권실태조사」. 국가인권위원회, 2003.
설동훈·황필규·고현웅·양혜우. 「미등록 외국인 단속 및 외국인 보호시설 실태조사」. 국가인권위원회, 2005.
유길상·박영범·어수봉·박성재. 「외국인고용허가제시행 3주년 평가 및 제도개선방안 연구」. 노동부, 2007.
유길상·이규용. 「외국인 근로자의 고용실태와 정책과제」. 한국노동연구원, 2001.
Castles, Stephen, and Mark J. Miller. *The Age of Migration*, 3rd Edition. New York : Guilford Press, 2003.
Castles, Stephen. "Will Labour Migration lead to a Multicultural Society

in Korea?". *Paper presented at Global Human Resources Forum* 2007, Seoul, 23-25 October, 2007.

Gordon, Milton. *Assimilation in American Life : The Role of Race, Religion, and National Origins.* New York : Oxford University Press, 1964.

Gordon, Milton M. *Human Nature, Class and Ethnicity.* New York : Oxford University Press, 1978.

International Organization for Migration (IOM). *Essentials of Migration Management : A Guide for Policy Makers and Practitioners, Volume Three : Managing Migration.* Geneva : IOM, 2004.

Seol, Dong-Hoon, and John D. Skrentny. "South Korea : Importing Undocumented Workers." in *Controlling Immigration : A Global Perspective, 2nd Edition.* edited by Wayne A. Cornelius, Takeyuki Tsuda, Philip L. Martin, and James F. Hollifield. Stanford, CA : Stanford University Press, 2004.

Seol, Dong-Hoon. "Global Dimensions in Mapping the Foreign Labor Policies of Korea : A Comparative and Functional Analysis." *Development and Society* 34(1), 2005.

# 이주민 선교를 위한 성서해석

| 박흥순 목사(호남신학대학교 연구교수, 신약학)

## 1. 들어가는 말

한국사회에 거주하는 이주민이 100만 명이 넘었고, 이주여성의 수가 급격히 증가하는 '이주의 여성화'가 빠르게 진행되고 있는 시점에 이주민 선교를 고찰하는 것은 매우 의미가 있는 일이다. 이주민으로 살아간다는 것은 인종적, 문화적, 사회적, 경제적 경계와 장벽을 넘어서야 할 용기를 요청한다. 차별과 편견을 극복하고 한국사회의 새로운 구성원으로 편입되고 있는 이주민을 위한 성서해석은 한국교회의 기독교인에게 도전이 될 수 있다.

이 글에서는 첫째로 성서에 나타난 이주민에 대해 고찰하면서 구약성서의 이스라엘 백성과 신약성서의 기독교인이 '이주민'의 정체성을 지니고 살아왔음을 살펴볼 것이다. 둘째로 마가복음 5 : 1~20에서 소개하는 '귀신들린 사람의 치유 이야기'를 살펴봄으로써 노동과 자본의 흐름을 따라 유목민처럼 이동하는 한국사회의 이주민은 신자유주의의 희생자라는 것을 지적하고자 한다. 셋째로 마태복음 20 : 1~16에서 소개하는 '포도원 일꾼 비유'를 고찰함으로써 자본주의와 신자유주의의 가치관을 넘어서는 '하나님의 정의'에 주목할 것이다. 넷째로 마가복음 7 : 24~30에 나타난 '귀신들린 딸의 치유를 간청하는 이방여인'의 '창의적 말 걸기'를 통해서 상호의존의 자율적 주체로 살아가는 이주여성에 관해서 살펴볼 것이다.

이 글은 이주민 선교에 대한 포괄적 접근이 아니라 '하나의 대안'을 제안하는 성서해석이다. 이주민 선교에 관한 총체적 측면의 성서연구를 제안하려는 것이 아니라 오히려 신약성서의 구체적인 본문을 비판적으로 성찰함으로써 이주민 선교를 위한 성서해석의 가능성을 모색하는 것이다.

## 2. 성서에 나타난 이주민

### 1) 구약성서의 이스라엘 백성과 이주민[3)]

구약성서는 이스라엘 백성이 이주민의 삶을 살았다고 말한다. 구약성

---

3) 구약성서에 나타나는 이주민에 관해서 살펴볼 때 객, 외국인, 나그네, 거류민이라는 용어를 사용하는 것에 주목해야 한다. 객(창 15 : 13 ; 출 20 : 10 ; 레 22 : 10 ; 신 5 : 14 ; 14 : 21, 29 ; 16 : 11, 14 ; 23 : 7, 14, 17, 20, 21 ; 26 : 11, 12, 13 ; 27 : 19 ; 29 : 11, 22), 외국인(창 31 : 15 ; 출 21 : 8 ; 레 22 : 25 ; 삼하 1 : 13 ; 렘 51 : 5 ; 겔 14 : 7 ; 옵 1 : 11), 나그네(창 23 : 4 ; 47 : 9 ; 출 2 : 22 ; 18 : 3 ; 22 : 21 ; 23 : 9, 12 ; 신 10 : 18 ; 19 ; 24 : 19 ; 삿 19 : 17 ; 대상 29 : 15 ; 시 105 : 12, 23 ; 119 : 19 ; 146 : 9 ; 슥 7 : 10 ; 말 3 : 5), 거류민(레 16 : 29 ; 17 : 8, 10, 12, 13, 15 ; 18 : 26 ; 19 : 10, 33, 34 ; 20 : 2 ; 23 : 22 ; 24 : 16 ; 24 : 2 2 ; 25 : 23, 35, 47 ; 민 19 : 14 ; 수 8 : 35 ; 20 : 9 ; 대상 29 : 15). 구약성서는 객, 외국인, 나그네, 거류민이라는 용어를 사용하면서 배타적이고 편협한 민족주의의 관점보다 포용과 공존을 위한 보편주의의 시각에서 사용하고 있는 것을 발견하게 된다. 구약성서와 이주민으로서 이스라엘은 이집트에서 객, 외국인, 나그네, 거류민으로 사백삼십 년을 살았던 사실을 기억하고 한국사회에 거류하는 이주민에 대한 구약성서의 근거에 주목하려는 것이다.

서는 이스라엘과 히브리인의 조상들이 본래 메소포타미아 사람이었고(창 11 : 28 ; 신 26 : 5 ; 겔 16 : 3), 야곱의 자손들이 사백여 년 동안 이집트에서 생활했던 것에 관해서 기록한다(창 15 : 13 ; 출 12 : 40-41). 한국 사회의 이주민에 대한 올바른 이해를 위해서 구약성서의 이스라엘 백성에 대한 이해는 매우 중요하다.

하나님과의 구체적인 관계를 통해서 형성된 이스라엘의 특별한 신분은 구약성서에서 발견되는 배타주의와 민족주의 사상과 그 맥을 같이한다. 구약성서에 나타나는 배타주의의 경향은 민족주의의 요소와 밀접한 관련이 있으며, 이주민에 대한 배타성과 차별로 나타난다. 이주민에 대한 배타주의의 시각이 나타나는 까닭은 이스라엘이 하나님과 특별한 관계에 있고, 그들만이 구원의 대상이라는 선택적 편협주의, 배타적 민족주의와 관련이 있다. 하지만 구약성서에 나타나고 있는 선택신앙은 또한 이주민에게 우호적 태도를 보여 주고 있으며, 구원의 보편주의의 경향을 나타낸다(신 4 : 19 이하 ; 32 : 8 이하 ; 렘 10 : 16 ; 시 33 : 12).

이주민에 대한 구약성서의 이중적 태도는 이스라엘의 자기 이해와 밀접한 연관이 있다. 제사장 나라로 선택된 이스라엘이 그들의 자의식을 하나님의 정의롭고 평등한 통치를 위한 사명으로 인식할 때, 이주민에게 우호적 보편주의의 성향을 갖게 될 것이다. 하지만 반대로 제사장 나라와 하나님의 백성으로의 특권과 신분을 강조할 때, 이주민에게 편협한 배타주의의 태도를 갖게 될 것이다.

구약성서에 나타난 이주민에 대한 이해는 두 가지 흐름과 밀접하게 연관되어 있다. 이주민을 향한 과도한 배타주의적 흐름과 이집트에서 살았던 이주민의 경험으로 관용과 공존의 관점을 갖는 또다른 흐름이다. 구약성서의 관점에서 나그네와 외국인을 포함하는 이주민을 살펴볼 때 편협한 배타주의와 민족주의의 편견과 차별을 넘어서서 이주민에게 호의적인 보편주의의 정신에 주목할 필요가 있다.

## 2) 신약성서의 기독교인과 이주민[4]

신약성서에서 신앙공동체의 기독교인 또한 이주민의 삶을 살아왔음을 발견할 수 있다. 신약성서의 기독교 신앙공동체가 다양한 인종, 문화, 역사가 다원적으로 혼재되어 있는 현대사회에 비해서 다양한 교류와 만남이 이루어지지 않았다고 할지라도 다양한 인종, 언어, 문화가 공존하는 사회와 공동체였다는 것을 짐작할 수 있다. 서로 다른 문화, 다른 피부색, 다양한 언어, 신분적 차이, 그리고 다른 전통과 관습을 지니고 살았던 사람들이 신앙공동체 안에서 공존했다는 것은 놀라운 일이다.

인종적으로, 신분적으로, 그리고 성적으로 차별이 존재하는 동시에 서로 대립하고 갈등하는 사람들이 하나의 신앙공동체로 통합될 수 있었던 비결은 바로 예수 그리스도에 대한 믿음이다(갈 3 : 28 ; 골 3 : 11). 예수 그리스도에 대한 신앙이 인종적, 신분적, 성적인 차별을 넘어서는 보편적 가치라는 것을 선언하고 있다. 신약성서에서 소개하는 기독교 신앙공동체의 구성원들은 서로 다른 인종적, 문화적, 사회적 배경에서 살아왔던 삶의 방식이 때로는 유지되고, 때로는 폐기되고, 때로는 변형되는 과정을 통해서 하나의 신앙공동체를 형성해 왔다는 것은 고무적인 일이다. 그럼에도 불구하고 다양한 문화적, 사회적, 경제적 배경을 갖고 있는 사람들이 하나의 신앙공동체를 형성하는 과정에는 공존과 통합을 위한 갈등과 대립의 모습을 나타내는 것은 당연하다.

유대인과 이방인의 인종적 관점, 종과 자유인의 신분적 시각, 여성을 폄하하는 남성우월의 태도를 지니고 있었던 신약성서의 시대에서 인종적, 신분적, 사회적 관점을 포기하고 그리스도 안에서 하나가 되었다는 것은 매우 놀라운 선언이다. 기독교 신앙공동체의 구성원이 되기 이전의 인종적, 사회적, 신분적, 문화적 배경을 폐기하고, 그리스도인으로 새로운 정체성을 형성한다는 것은 차별, 편견, 그리고 불평등을 제거하는 혁명적인 선언이다.

---

4) 신약성서에 나타난 그리스도인은 나그네와 외국인으로 자기인식하고 있는 것을 발견할 수 있다. 구약성서에서 이주민으로서 이스라엘이 자기 이해하는 것과 마찬가지로 신약성서의 그리스도인은 나그네(마 25 : 35, 38, 43, 44 ; 행 2 : 10 ; 7 : 6, 29 ; 13 : 17 ; 엡 2 : 19 ; 히 11 : 13 ; 벧전 1 : 1, 17 ; 2 : 11 ; 요삼 1 : 5), 외국인(히 11 : 13)과 거류민(벧전 2 : 11)으로 자신들의 정체성을 표현하고 있다.

편협한 배타주의와 민족주의를 넘어설 수 있는 것은 기독교 신앙공동체가 예수 그리스도 안에서 하나라는 인식의 전환에서 비롯된다. 이와 같은 인식의 전환은 초기 기독교 신앙공동체 구성원의 자기이해와 맞물려 있다. 신약성서에 나타난 초기 기독교 공동체의 구성원들은 자신들을 "나그네, 외국인과 거류민"(엡 2 : 19 ; 히 11 : 13 ; 벧전 1 : 1, 17 ; 2 : 11)이라는 개념으로 나타내고 있다. 신약성서의 기독교 신앙공동체 구성원은 고향이나 본국을 떠나서 낯선 나라에서 생활하는 사람을 나타내는 용어인 '나그네, 외국인 거류민'으로 자신들을 표현한다. 이러한 용어들은 세상에 잠시 머물고 살아가는 이주민과 같은 존재로 그리스도인 자신을 인식하는 개념으로 사용한다. 우리가 살고 있는 이 세계는 임시로 잠시 머물고 있는 장소이기에 그리스도인들은 거류민 혹은 진정한 집을 찾아서 여행을 떠나는 나그네라고 할 수 있다.

낯선 곳에서 임시로 또는 영구적으로 살아가야 하는 '외국인, 거류민 그리고 나그네'는 인종적, 신분적, 사회적 다양성 속에서 하나의 신앙공동체를 형성했다. 이와 같은 다양성 안에서 공존과 통합을 시도했던 기독교인은 또한 '하나님의 가족'이라는 새로운 관계를 만들었다. 에베소서 2 : 19은 이전에 '외인'과 '나그네'로 불리던 기독교 공동체의 구성원이 '하나님의 권속'이라는 새로운 신분을 얻게 되었다고 말한다. '하나님의 권속'은 하나님의 가족이 되었다는 선언으로 서로 다른 인종, 문화, 신분, 그리고 전통과 관습을 넘어서 새로운 결속과 관계를 형성하게 되었다는 뜻이다.

신약성서에 나타난 초기 기독교 신앙공동체 구성원은 피부색, 인종, 계급, 성별에 관계없이 모두가 다 동일한 '하나님의 가족'이라고 말한다. 새로운 결속을 위해서 형성된 '하나님의 가족'은 차별, 편견, 그리고 불평등이 없이 하나님의 백성이라고 불려질 수 있는 모든 사람들을 포함시키는 것이다. 따라서 한국사회의 이주민으로 살아가는 이주노동자, 결혼이민자, 난민, 북한이탈주민을 '하나님의 가족'으로 인식하는 '틀의 전환'(paradigm shift)이 절실하게 요청된다.

## 3. 신자유주의 시대의 이주민과 성서해석(막 5 : 1 - 20)

신자유주의는 자본과 노동이 이동하는 결과를 낳았고, 이주민의 현존을 통해서 거의 대부분의 나라들은 국가의 경계가 허물어지는 탈영토화를 경험하고 있다. 이주민은 전 세계의 사회 - 경제적 구조를 재편할 뿐만 아니라 우리나라의 사회 - 경제적 구조를 다시 고찰하도록 요청하고 있다. 한국사회에 거주하는 이주민의 현존을 성서본문과의 연관성 속에서 살펴볼 때 신자유주의의 이데올로기가 깊게 뿌리 내린 시대를 진단하지 않을 수 없다. 마가복음은 이방지역인 거라사를 방문하고 있는 예수가 귀신들린 사람과 만나고 있는 장면을 소개하고 있다(막 5 : 1 - 20). 귀신들린 사람을 치유하는 마가복음의 본문을 통해서 신자유주의 시대의 이주민의 현존을 간략하게 살펴보고자 한다.[5]

### 1) 신자유주의 시대 이주민의 속박과 고통

신자유주의 시대의 이데올로기의 억압과 속박으로 인해서 고통하고 신음하는 사람들이 있음을 인식할 필요가 있다. 마가복음의 본문은 무덤에서 살며 쇠고랑과 쇠사슬에 속박되어 있는 귀신들린 사람이 등장한다. '귀신', 즉 '악한 숨결'에 묶여서 벗어날 수 없는 사람이 있음에 주목해야 한다. '악한 숨결'에 억압을 당하는 사람이 바로 신자유주의 시대를 살고 있는 이주민을 표상한다고 할 수 있다.

이주의 문제는 자본의 흐름을 따라 노동력과 이주민이 급격하게 이동하는 지구화와 신자유주의의 도전과 밀접하게 연관된다. 이주민의 현존이 한국사회에 국한된 문제가 아니라 전 지구적 이슈로 부각되는 까닭은 국가와 민족의 경계가 허물어지면서 다문화 현상에 대한 보다 진지한 고민을 해야 할 시점에 놓여 있기 때문이다. 자본의 흐름을 좇는 이주를 가속화시키는 지구화는 빈부격차와 신자유주의 논리를 확산시키고 있다(이

---

5) 이 단락을 글은 필자의 논문 "한국사회의 광우병 담론에 대한 성서의 대안적 관점," 「인문과학」 제42집(2008), 85 - 104쪽을 수정 보완한 것이다.

나영, 2006, 80). 이주민의 현실은 이주와 자본의 역학관계, 지구화와 신자유주의의 상관성을 포함한 복합적인 요소에 주목해야 한다. 익숙하고 편안한 고향과 본국을 떠나 낯설고 불편한 나라와 환경으로 이동하는 이주민은 자본주의의 흐름을 쫓는 사람들이지만, 또한 지구화와 신자유주의의 이데올로기의 희생자들이라고 할 수 있다.

마가복음에 등장하는 귀신들린 사람은 '악한 숨결'에 속박되어 무덤에 거주하고 있다. 쇠고랑과 쇠사슬에 메여 무덤에 살고 있는 이 사람의 모습은 "비정상적인 정신 상태를 단적으로 표현"(김광수, 1999, 79)하는 것이다. 이렇게 비정상적인 상황에서 살도록 속박하고 억압하는 '악한 숨결'은 '군대'(Legion)라는 이름을 가진 막강한 힘이었다. 여기서 사용된 '군대'라는 말은 로마의 사단병력을 지칭하는 용어로 4천에서 6천 명의 병력을 가리킨다(강요섭, 1991, 100). 참으로 엄청난 악한 힘이 억누르고 있었던 것이다. 귀신, 즉 '악한 숨결'에 사로잡힌 사람은 '인격체'가 아니라 '군대'라는 군사적 단위에 억압되고 있다는 사실에 주목해야 한다. 로마제국을 상징하는 '군대'라는 이름의 귀신, 즉 '악한 숨결'에 의해서 고통을 당한다는 사실에서 속박과 억압, 그리고 착취를 추정해 볼 수 있다. 귀신들린 사람이 쇠고랑과 쇠사슬에 묶여 무덤에 살고 있는 비참한 상황은 신자유주의의 이데올로기 아래에서 고통을 받고 있는 사람들을 회상시킨다.

'군대'라는 이름으로 불리는 막강한 힘에 억압되어 있는 사람은 로마제국의 군사적 점령으로 인해서 고통받고 있는 사람들을 상징한다. 로마제국의 군사적 지배는 경제적 수탈을 수반하고, 그 결과 비인간화 된 삶을 살아가는 사람들을 양산하게 된다. 우리나라의 사회적 약자와 소외된 사람들과 마찬가지로 한국사회에 거주하는 이주민은 신자유주의의 경제적 효율성 아래에서 속박되고 억압받는 사람들이라고 할 수 있다. 경제적 이윤과 효율성을 최우선의 가치로 앞세우는 신자유주의의 영향 아래에서 고통받는 사람들의 현실을 올바르게 인식할 필요가 있다. '군대'라는 이름을 가진 귀신, 즉 '악한 숨결'은 약하고 힘이 없는 사람의 생명을 속박하고, 억압하고, 심지어 죽도록 만들고 있는 것처럼 전 세계를 휩쓸고 있는 신자유주의의 이데올로기는 수많은 사람들의 생명을 위협하고 있다. 신자유주의의 '악한 숨결'로 인해서 고통을 받고 있는 이주민을 포함한 사회적 약자가 한국사회에 함께 거주하고 있다는 사실을 인식하고, 기독교적 대안을 찾으려는 노력이 필요하다.

### 2) 신자유주의 시대 이주민의 인권과 생존

신자유주의의 세계관 아래에서 억압받고 고통받는 사람들의 인권과 생존을 외면하는 사람들이 있다는 사실을 발견할 수 있다. 마가복음의 본문은 '군대'라는 이름을 가진 막강한 힘의 귀신, 즉 '악한 숨결'에 억압을 받고, 속박되어 있던 사람이 치유되고 회복되었을 때 경제적 손실을 생각하는 사람들을 지적하고 있다. 귀신의 지배와 착취로부터 벗어나 회복과 해방을 경험했던 한 사람의 '생명'보다 이천 마리의 '돼지 떼'를 더 소중하게 여겼던 사람들이 소개되고 있다(막 5 : 14, 17).

신자유주의 시대의 세계관은 경제적 이윤과 효율성을 극대화시키기 위한 시도이기 때문에 한 사람의 '생명'과 '인권'보다 '공동체'와 '국가'의 손실을 우선적으로 고려한다. 한국사회에 거주하는 이주민은 우리나라의 경제발전을 위한 '노동력'에 불과하며, 경제적 이득이나 효율성을 위해서 희생을 감수해야 할 존재로 여겨진다. 이천 마리의 '돼지 떼'의 죽음으로 경제적 손실을 입게 되었던 사람들은 귀신들린 사람이 치유되고 회복되는 일은 관심조차 보이지 않았다. 단지 경제적 손실이 우선적인 관심이었던 것이다.

신자유주의 시대에 이주민으로 산다는 것은 이천 마리의 '돼지 떼'의 죽음보다 가치가 없는 존재로 사는 것일지도 모른다. 경제적 이윤과 효율성을 앞세우는 신자유주의의 세계관 앞에서 한 사람의 '생명'과 '인간 회복'을 강조할 수 없다. 마가복음의 본문에서 귀신들린 사람이 회복되고 치유되는 것을 목격했음에도 불구하고 경제적 손실을 우선적으로 생각했던 사람들, 바로 그들이 신자유주의 논리를 우선적으로 따르는 사람들의 전형이라 할 수 있다. 한국사회에 거주하는 이주민에 대한 기독교적 대안은 경제적 가치가 아니라 성서적 근거를 통해서 제안해야 한다. 신자유주의 시대의 이주민은 서구의 각 나라들이 자국의 기업들의 경제적 이윤을 극대화시키는, 경제구조에 희생되고 있는 사람들인 것을 인식해야 한다. 이러한 희생자들을 위한 치유와 회복을 위해서 한국교회가 대항하고 저항하는 것은 성서적 가르침을 실천하는 것이다. 신자유주의 세계관은 귀신들린 사람의 '인간 회복'에 주목하는 대신에 이천 마리의 '돼지 떼'의 경제적 손실을 우선적으로 고려하고 있다.

이주민을 위한 기독교적 대안은 마가복음에서 묘사하고 있는 것처럼 경제적 손실을 '인간 회복'보다 먼저 떠올린 사람들을 비판적으로 성찰함으로써 발견할 수 있다. 신자유주의 세계관은 이미 한국사회와 한국교회에게 영향을 끼치고 있다. '경제가치'에 맞서서 '생명가치'를 외칠 수 있는 용기는 성서적 가르침을 통해서 제시되어야 한다.

### 3) 신자유주의 시대에 저항하는 예수의 해방 정신

신자유주의의 억압과 속박에 맞서는 '예수의 저항과 해방의 정신'에 주목해야 한다. 귀신들린 사람이 쇠고랑과 쇠사슬에 메여 무덤에서 비참하게 사는 모습을 보고 예수는 즉시 치유하고 회복시키고 있다. 왜냐하면 예수의 사역은 '인간 해방'의 정신을 실천하는 것이기 때문이다. 신자유주의의 확산의 결과로 한국사회에 거주하게 된 이주민을 향한 기독교적 대안은 예수의 정신에서 찾아야 한다. 생명과 인권보다 경제적 이윤과 효율성을 우선적으로 앞세우는 신자유주의 정책 아래에서 고통받는 사람들은 거의 대부분이 사회적 약자와 소외계층이다. 예수께서 치유하고 회복시킨 귀신들린 사람이 바로 이 시대의 사회적 약자와 소외계층인 것이다. 예수의 사역은 비인간화시키는 모든 종류의 불의에 맞서고 해방시키는 사역으로 요약해 볼 수 있다(김광수, 1999, 65). '군대'라는 이름을 갖고 막강한 힘을 휘둘렀던 귀신이 억압, 착취, 속박, 그리고 죽음으로 사람을 내몰고 있지만, 생명과 해방을 지향하는 예수는 거대한 귀신의 세력에 맞서서 회복과 해방을 외치고 있다.

한국사회의 이주민 선교는 정치경제적 관점을 능가하는 생명지향의 시각에서 출발해야 한다. 신자유주의 세계관에 의해서 희생되고 속박되고 있는 사람들의 인권은 경제적 가치를 능가하는 생명존중의 가치이기 때문이다. 귀신들린 사람을 치유하는 예수의 사역은 '인간 회복'(강요섭, 1991, 102)을 지향한다. 예수께서 귀신들린 사람에게 속박된 사람을 회복시킨 가장 근본적인 이유는 '군대'라는 이름을 가진 거대한 힘의 속박과 억압으로부터 한 사람의 생명을 회복시키려는 '인간 회복'에 있다. 거대한 신자유주의의 세계관으로 억압을 받고 착취를 당하는 사회적 약자와 소외계층의 생명이 회복되도록 실천하는 것이 바로 예수의 정신을 따르는 길이다.

예수의 정신은 사회적 약자와 소외계층에 대한 돌봄뿐만 아니라 불의에 대한 저항 그리고 생명을 위한 실천적 참여라고 할 수 있기 때문이다. 신자유주의 시대의 이주민은 '예수의 해방 정신'이 가장 절실하게 요청되는 사람들이다. 자본과 노동력의 이동을 확산시키고 있는 신자유주의의 세계관을 적절하게 인식하면서 기독교적 대안을 제안하는 것은 무엇보다 필요한 과제라고 할 수 있다.

## 4. 정의의 관점에서 바라본 이주민 선교와 성서해석(마 20 : 1-16)

마태복음 20 : 1~16에서 소개되는 비유는 흔히 '포도원 일꾼 비유'로 불린다. 하나님 나라를 설명하는 이 비유는 자본주의의 세계관으로 쉽게 설명하거나 이해할 수 있는 본문이 아니다. 이 비유를 통해서 '하나님의 정의'의 관점에서 바라본 이주민 선교를 위한 성서해석을 발견하고자 한다.[6]

### 1) 이주민 선교와 하나님의 정의

이주민 선교는 경제적 관심이나 호혜적 관점이 아니라 '하나님의 정의'라는 시각에서 출발해야 한다. 마태복음의 '포도원 일꾼 비유'는 사람

---

[6] 이 단락의 글은 필자의 글, "조선족 이주 노동자 선교와 성서 해석," 박흥순, 「마이너리티 성서해석」(서울 : 예영 B&P, 2006), 51-74쪽을 수정 보완한 것이다.

들이 일반적으로 생각하는 '정의'와는 전혀 다른 결과를 제시하고 있다는 점에서 우리를 당혹하게 만든다. 왜냐하면 오전 6시부터 오후 6시까지 하루 온종일 일했던 노동자가 단지 1시간만 일한 노동자와 똑같은 품삯을 받았다는 사실은 무한경쟁 시대를 살고 있는 현대인으로서 도저히 이해가 불가능한 결과이기 때문이다.

이 비유에 등장하는 일꾼들은 이스라엘의 시간 구분에 따라 오전 6시부터 오후 5시까지 포도원에서 일하도록 부름을 받은 노동자들이다(정양모, 1990, 171).[7] 이 비유에서 포도원 주인은 "포도원에서 일하는 모든 노동자에게 한 데나리온을 노동의 대가로 지불한다."는 동일한 계약을 체결한다. 포도원 주인과 노동자들과의 계약에는 아무런 문제가 없어 보인다. 하지만 자본주의의 경제체제에 길들여진 현대인은 단지 1시간만 일한 노동자가 12시간 동안 일한 노동자와 똑같은 품삯을 받았다는 것을 쉽게 이해할 수 없다.

마태복음에 등장하는 포도원 주인의 태도는 불의한 것인가 혹은 정당한 것인가 질문해 볼 필요가 있다. 거의 대부분의 현대인은 포도원 주인에게 격렬하게 항의했던 포도원의 일꾼처럼 불평과 불만의 마음을 가질 것이다(Hare, 1993, 230). 신자유주의 시대의 현대인이 가지고 있는 상식에 도전하고 있는 이 비유는 쉽게 받아들일 수 없을 것이다. 정당한 대가를 받는 것이 정의를 실현하는 것이라 생각하는 사람들은 결코 쉽게 동의할 수 없는 결론이다. 포도원 주인의 행동을 적절하게 이해할 수 있는 방법은 '하나님의 정의'의 시각에서 바라볼 때 가능하다. 철저한 계산과 정당한 대가를 주장하는 신자유주의의 세계관과 자본주의의 질서와 달리 "하나님의 사랑은 하나님의 전적인 자유"(Gutiérrez, 1991, 110)라는 사실을 인식할 때 포도원 품꾼 비유를 적절하게 이해할 수 있다. '하나님의 정의'는 사회적 약자와 소외계층을 향한 사랑을 표현하는 '하나님의 자유'

---

7) 이스라엘의 시간 구분은 "일출서부터 일몰까지를 12등분한 이스라엘 시간 구분에 따라 새벽(오전 6시), 셋째 시간(9시), 여섯째 시간(12시 정오), 아홉째 시간(오후 3시), 열한째 시간(오후 5시)"이라 한다.

라는 말이다.

신자유주의 시대를 살아가는 대다수의 현대인들이 자신들의 노동에 대한 정당한 대가를 기대하는 것은 당연한 것이다. 하루 온종일 12시간 일한 노동자에게 적절한 대우를 하는 것은 신자유주의 시대의 일반적 정의이다. 하지만 오후 5시에 가까스로 포도원에 들어온 노동자가 단 1시간만 일하고 다른 노동자와 동일한 품삯을 받는 것은 '인간의 정의'를 넘어선 '하나님의 정의'인 것이다. 하루 온종일 일한 노동자들에게 불의한 것이 아니라 오히려 포도원에 가장 늦게 들어온 노동자에게 '하나님의 사랑'을 전적으로 베풀고 있는 '하나님의 정의'인 것이다. '포도원 일꾼 비유'에서 보여 주는 '하나님의 정의'는 희망도 없고, 힘도 없고, 가능성도 없어 보이는 사람들에게 보여 주신 '하나님의 우선적 관심과 사랑'이라고 할 수 있다(Hagner, 1995, 572-573). 한국사회에 거주하고 있는 이주민은 '하나님의 전적인 사랑'과 '하나님의 우선적 관심'이 긴급하게 요청되는 사람들이다. 신자유주의 시대의 이주민은 바로 오후 5시에 포도원에 가까스로 들어온 노동자들과 같다. 한국사회에서 살아가는 이주민은 하나님의 전적인 사랑에 근거한 '하나님의 정의'의 관점에서 고려되어야 할 사람들인 것이다.

### 2) 이주민 선교와 하나님의 우선적 선택과 관심

이주민 선교는 '하나님의 편향성'과 '우선적 선택'의 관점에서 진행해야 한다. 포도원 일꾼 비유는 신분과 위치의 역전을 강조하면서 끝맺고 있다. 포도원에 가장 늦게 들어온 노동자가 가장 먼저 온 노동자의 위치를 차지하게 될 것이라고 말한다. 이와 같은 신분과 위치의 역전이 일어나는 까닭은 무엇인가? 포도원 비유에서 묘사하는 먼저 된 사람과 나중 된 사람의 역전을 해석하면서 마태복음 연구자들은 '먼저 된 사람들'은 누구인가를 규명하려고 노력해 왔다. 대다수의 마태복음 연구자들은 "특별한 위치"(Kee, 1990, 208)를 가지고 있던 유대인이 '먼저 된 사람들'이라고 주장한다. 유대인이 가지고 있었던 특권이나 신분이 상실되고 역전되고 있다고 해석한다. 하지만 포도원 일꾼 비유는 유대인과 이방인의 신분의 역전을 넘어서 '하나님의 우선적 선택'이라는 관점에서 해석해야 한다. 다시 말해서 사람의 사고방식과 사회의 가치구조를 역전시키는 '하나님의 편향성'에 주목해야 한다.

경제적 이윤과 효율을 앞세운 신자유주의의 질서를 능가하는 하나님의 가치는 사회적 약자를 향한 '하나님의 우선적 선택과 관심'에 있다. 신자유주의의 세계관은 "가난한 사람들과 서민들을 염두에 두지 않는 이 세계의 가치구조"(Gutiérrez, 1991, 104)를 대표한다. 신자유주의시대의 세계관으로부터 배제되고, 버림받고, 소외된 사회적 약자가 하나님의 우선적 관심의 대상이다. 신자유주의의 질서에서 정당한 대우를 받고 안정적 신분과 특권을 누리는 사람들과는 달리 약하고, 힘없고, 가난한 사회적 약자와 소외계층을 향한 '하나님의 편향성'이 이주민 선교의 근거가 되어야 한다. '포도원 일꾼 비유'의 주된 관심사는 포도원에 가장 늦게 들어온 노동자들을 환영하는 "하나님의 주권적인 은혜와 호의"(Hill, 1972, 285)에 있다. 사회적 약자와 소외계층을 향한 '하나님의 우선적 선택과 관심'이 사고방식과 가치관의 역전으로 이어지는 것이다. 이주민 선교는 "가장 약한 사람들과 억압받는 사람들을 위한 그의 편애"(Gutiérrez, 1991, 111)가 신학적 실천의 근거가 되어야 한다.

3) 이주민 선교와 한국교회의 기독교인

이주민 선교를 통해서 한국교회와 기독교인이 도전을 받을 수 있다. 포도원 일꾼 비유는 한국교회와 기독교인이 그들 스스로의 정체성을 확인하는 중요한 메시지를 제공한다. 한국사회에 거주하는 이주민의 현존은 한국교회의 기독교인들이 스스로를 비판적으로 성찰할 수 있는 기회를 주고 있다. '포도원 일꾼 비유'는 신자유주의의 세계관에 영향을 받고 살아가는 사람들이라면 도저히 이해할 수 없는 '하나님의 정의'를 말한다. 이 비유는 또한 사회적 약자와 소외계층을 향한 '하나님의 우선적 선택'을 강조한다. 따라서 '포도원 일꾼의 비유'를 통해서 한국 교회와 기독교인은 '나와 너 그리고 하나님'에 관한 '틀의 전환'(paradigm shift)을 경험하게 된다(Long, 1997, 224). 자본주의 계산법으로 이해하는 것이 불가능한 '하나님의 정의'와 '하나님의 우선적 선택'은 신자유주의 시대에 우리 사회에 거주하는 이주민을 이해할 수 있는 중요한 단서를 제공하는 것이다.

한국교회와 기독교인이 이주민을 향해서 호의를 베풀고 선의를 실천한다는 자만과 독선을 버려야 한다. 한국사회에 거주하는 이주민으로 인해서 정당한 대우와 공평한 대가를 상실했다고 생각하는 한국사회의 구성원의 불평과 불만 또한 교정되어야 한다. 한국사회에 살고 있는 이주민의 덕분에 한국교회는 사회적 약자와 소외계층에 대한 인식의 틀을 전환할 기회를 찾은 것이다. 한국사회의 구성원과 한국교회의 기독교인은 모두 다 포도원에 가장 늦게 들어온 노동자의 겸허한 태도와 간절한 심정이 필요하기 때문이다. 만약 한국교회의 기독교인이 포도원의 문이 닫히기 바로 전에 가까스로 들어왔던 '제 십일 시'(오후 5시)의 노동자라고 인식한다면, 한국사회에 거주하는 이주민과 공존하고 상생하려는 겸손한 태도를 갖게 될 것이다.

### 5. 상호관계의 시각에서 바로 본 이주여성과 성서해석(막 7 : 24 – 30)

이주여성은 한국사회에서 '사이존재'로 살아가는 사람들이다. 자율적 주체로서 살아가는 이주여성의 삶을 적절하게 보여 주는 마가복음 본문(7 : 24 – 30)을 고찰하면서 한국사회의 구성원과 이주여성의 '쌍방향 소통'을 위한 대안적 성서해석을 살펴보고자 한다.[8]

#### 1) 이주여성에 대한 차별과 편견

한국사회의 이주여성의 삶은 사회적, 문화적, 인종적 차별과 편견에 직면해 있다는 사실을 인식해야 한다. 마가복음의 본문(7 : 24 – 30)에 등

---

[8] 이 단락의 글은 필자의 논문 "한국사회 이주여성의 현존과 대안적 성서해석," 「시민사회와 NGO」 제6권 2호 (2008년 가을/겨울), 101 – 134쪽을 수정 보완한 것이다.

장하는 인물은 예수와 수로보니게(Syrian Phoenicia) 출신의 그리스 여인이다.[9] 귀신들린 딸을 고쳐 달라고 탄원하러 온 이방여인의 요청을 단호하게 거절하는 예수의 태도에서 '인종차별주의'와 '자민족중심주의'의 흔적을 발견할 수 있다.

마가복음의 본문에서 먼저 주목해야 할 것은 기록될 당시의 이방인, 특히 이방여인의 사회적, 문화적, 신분적 위치를 추정하는 것이다. 유대인에게 있어서 '이방인'(Gentile)은 유대인이 아닌 모든 사람을 지칭하는 용어이다. 유대인이 아닌 모든 사람들을 총체적으로 '이방인'으로 호칭하는 것에서 유대인의 인종중심의 세계관을 발견할 수 있다. 딸의 치유를 탄원하는 이방여인이 헬라인, 즉 그리스 사람이라고 지적하고 있는 것은 그녀의 사회적, 문화적 배경을 강조하는 것이 아니라 그녀를 인종적, 종교적 시각에서 분류하는 것이다. 이방인을 인종적 관점과 종교적 잣대로 분류하는 유대인의 세계관으로 차별과 편견의 시각을 발견할 수 있다. 마가복음 본문에 등장하는 이방여인은 인종적, 종교적 시각에서 배제될 수 있는 가능성을 지니고 있다. 딸의 치유를 간청하는 이방여인은 유대인의 관점에서 볼 때 '내부인'이 아니라 '외부인'(Rhoads, 2004, 74)이 분명하다. 인종적 결속력과 종교적 연대성이 강한 유대인에게 이방인은 결코 공존과 상생의 대상이 될 수 없다. 마가복음에 등장하는 '이방여인'의 모습은 한국사회에 거주하는 이주여성의 삶을 회상시켜 준다. 오랫동안 배타적 민족주의와 편협한 순혈주의 이데올로기에 영향을 받고 살아왔던 한국사회의 구성원들에게 이주여성은 공존이 아니라 차별의 대상으로 존재하게 되는 것이다.

귀신들린 딸의 치유를 간청하는 여인을 향해서 예수께서는 '자녀'(children)와 '개'(dogs)라는 은유적 표현을 통해서 완곡하게 거절한다.[10] 마가복음 본문을 통해서 '자녀'는 유대인을 의미하고, '개'는 이방인

---

9) 마가복음 7 : 26에서 예수를 찾아와 간청하는 여인을 다음과 같이 서술하고 있다 : "그 여자는 헬라인이요 수로보니게 족속이라 자기 딸에게서 귀신 쫓아내 주시기를 간구하거늘"(개역개정판).
10) 마가복음 7 : 27은 여인의 요구를 거절하는 예수의 대답이 소개된다. "예수께서 이

을 뜻한다고 추정할 수 있다(Guelich, 2001, 613). 일반적으로 유대인이 이방인을 '개'라고 부를 때 "모욕이나 비방"(Witherington Ⅲ, 2001, 232)의 의미가 있다. 유대인이 이방인을 '개'라고 부르는 것은 "승리주의, 민족주의와 자민족중심주의를 반영"(Broadhead, 2001, 72)하는 것으로, 유대인이 이방인보다 종교적, 민족적, 인종적으로 우월하고 가치가 있다는 신념을 강조하는 것이다. 유대인이 이방인을 '개'라고 부르며 경멸하고 모욕했던 까닭은 그들이 부정하고 불결하다고 생각했기 때문이다(Rhoads, 2004, 77-78).

이주민으로서 한국사회의 구성원으로 편입되고 있는 이주여성은 '사이존재'로 살아가고 있다. 한국사회의 구성원 대다수는 이주여성이 인종적, 문화적, 신분적으로 열등하다고 인식할 뿐만 아니라 이주여성이 한국사회에 흡수되고 동화되어야 할 대상이라고 생각한다. 하지만 이주여성은 동화와 흡수의 대상이 아니라 공존과 상생의 주체이다. 마가복음의 모욕을 감수하고 있는 이방여인의 주체적 삶을 고찰함으로써 사회적, 문화적, 인종적 차별과 편견으로 배제되고 있는 한국사회의 이주여성의 현실을 적절하게 인식할 수 있다.

### 2) 자율적 주체로서 이방여인

한국사회의 이주여성은 사회통합의 대상이 아니라 자율적 주체로 살아가는 존재로 고려되어야 한다. 여성의 인권에 무관심했던 1세기 당시의 상황에 비추어 볼 때 이방여인은 이방남자보다 인종적, 사회적, 신분적으로 열악한 위치에 놓여 있었다고 추정할 수 있다. 마가복음 본문에 등장하는 이방여인의 주체적 삶을 고찰함으로써, 비슷한 상황에서 살아가고 있는 이주여성이 '자율적 주체'로서 살아갈 해법을 찾을 수 있을 것이다. 귀신들린 딸의 치유를 요청하는 이방여인의 이야기에서 '치유'와 '기적'은 부차적인 것이며, 예수와 이방여인의 대화가 핵심적인 내용이라고 할 수

---

르시되 자녀로 먼저 배불리 먹게 할지니 자녀의 떡을 개들에게 던짐이 마땅치 아니하니라"(개역개정판).

있다(Hare, 1996, 85). 이주여성에게 경제적 생존이 무엇보다 중요하지만 '자율적 주체'로서 살아가기 위해서 한국사회 구성원과의 대화에서 주체적인 역할을 수행할 수 있어야 한다. 마가복음 본문에서 예수와 적극적 대화를 시도하는 이방여인의 모습은 이주여성의 인권을 위한 대안적 모델로 제안될 수 있다.

귀신들린 딸을 고쳐 달라는 이방여인의 간청에 예수는 간접적 표현 방식으로 거절한다. 하지만 예수의 간접적 거절에도 불구하고 이방여인의 요구가 완전하게 차단된 것은 아니다(Waetjen, 1989, 134). 예수의 거절에도 불구하고 귀신들린 딸을 치유할 가능성이 있다고 생각한 여인은 '시간과 공간의 경계'를 과감하게 넘어서고 있다(Rhoads, 2004, 75-76). 이방인이라는 시간적 경계, 이방지역이라는 공간적 경계에도 불구하고 예수와의 논쟁적 대화를 통해서 자율적 주체로서의 모습을 보이고 있는 이방여인의 모습은 놀랍다.

'시간과 공간의 경계'를 넘어서는 이방여인의 요구는 한국사회에 거주하는 이주여성의 삶을 떠오르게 만든다. 이주여성은 이주여성노동자와 여성결혼이민자로서 노동과 결혼의 방식으로 한국사회의 구성원으로 편입되고 있다. 이주여성이 한국사회에 적응하고자 할 때 그들 또한 '시간과 공간의 경계'를 경험하게 된다. 다인종·다문화사회를 경험하는 한국사회가 이주여성을 새로운 구성원으로 인정하고 받아들이는 것은 어렵다. 이주여성이 한국사회의 '주체적 존재'로 목소리를 재현하기 위해서 마가복음 본문에 등장하는 이방여인의 지혜가 필요하다.

한국사회에서 공존하며 살아간다는 것은 이주여성이 인종적, 문화적, 사회적 배경과 출신을 유지하면서 한국사회의 구성원과 '대등한 관계'로 살아가는 것을 의미한다. 이주여성이 지니고 살아왔던 그들 나름의 정체성을 부인하고 포기한 채 한국인으로 동화되거나 흡수된다면 결코 대등하고 주체적 존재로서 살아갈 수 없는 것이다. 이방인으로 자기인식을 가지고 있으면서 예수께 적절한 답변을 하는 이방여인의 태도는 '대화의 자율적 주체'로서의 모습을 보여 주는 것이다.[11] 이방여인의 답변은 유대인의 권리를 그대로 인정하면서 이방인을 위한 호의를 간구하고 있다. 이방여인은 부정하고 불결한 동물인 '개'로서 분류하는 것을 그대로 인정하면서도 '개'를 위한 권리를 모색하는 '창의성'을 발휘하고 있다(Witherington Ⅲ, 2001, 232). 이와 같은 여인의 '창의성'은 예수의 거절에 대해서 저항하고 '말 걸기'를 시도하는 것이다. '시간과 공간의 경계'에도 불구하고 이방여인은 예수와 끈기 있는 대화를 시도함으로써 대화의 '자율적 주체'가 되고 있다. 포기하지 않고 끝까지 재치가 있는 '대꾸'와 '말 걸기'로 "예수의 마음을 바꾸는"(Rhoads, 2004, 73) 이방여인의 태도는 이주여성을 위한 대안적 모델이 될 수 있다.

인종, 종교, 신분의 경계와 장벽을 '말 걸기'를 통해서 극복하는 창의적 이방여인은 다인종 · 다문화사회에서 '자율적 주체'로 살아가야 하는 이주여성에게 중요한 해법을 제공한다. 이방여인의 '말 걸기'는 다름을 상생으로 전환시키는 '창의적 전략'이었던 것처럼, 이주여성은 한국사회의 '자율적 주체'로 자리매김할 때까지 한국사회의 구성원과 끊임없는 '말 걸기'를 시도해야 할 것이다.

3) 해방을 위한 '말 걸기'

한국사회의 이주여성을 위한 선교는 '해방'을 위한 '창조적 말 걸기'에 주목하는 것에서 출발해야 한다. 마가복음 본문(7 : 24 – 30)은 귀신들린 딸의 '치유'와 '회복'이 아니라 경계와 장벽을 넘어서는 '역전'과 '해방'에 초점을 맞춘다. 이방여인이 직면한 장벽은 1세기의 여성으로 극복할 수 없는 거의 불가능한 구조였다. 마가복음의 예수와 이방여인의 '논쟁적 대화'를 통해서 "지리적, 인종적, 성적, 신학적 경계의 다양성"(Witherington Ⅲ, 2001, 231)을 발견할 수 있다. 예수와 이방여인은 '두로와 시돈 지역'에서 만남이 이루어지는 '지리적 경계', 유대인과 이방인이라는 '인종적 경계', 남성과 여성이라는 '성별 경계' 사이에서 '소통과 대화'를 시도하는

---

11) 귀신 들린 어린 딸의 치유를 간구하는 여인의 재치 있는 대답은 마가복음 7 : 28에 소개된다. "여자가 대답하여 이르되 주여 옳소이다마는 상 아래에 개들도 아이들이 먹던 부스러기를 먹나이다"(개역개정판).

것이다. 다양한 '경계 교차점'에서 마가복음의 예수는 이방여인이 '자율적 주체'라는 것을 인정하고 있다.

이방인을 향한 유대인의 인종적 차별, 문화적 편견, 그리고 종교적 배타성의 시각을 극복할 수 있었던 이방여인의 태도에 주목할 필요가 있다. 이방여인의 용감하고 재치 있는 '말 걸기'는 "예수의 궁극적 항복"(Donahue & Harrington, 2002, 237)을 이끌어 내고 있다. 이와 같은 '주체적 태도'가 이주여성에게 필요하다. 인종적, 문화적, 신분적, 성적 경계와 장벽을 극복하고 새로운 구성원으로 공존하기 위해서 끊임없는 '대화'와 '말 걸기'가 필요하다. 이주여성은 그들이 직면하는 다양한 형태의 차별과 편견에 관해서 지역공동체, 교회, 사회와 정부를 향해서 계속적으로 '말 걸기'를 시도해야 한다.

이방여인은 마가복음의 예수에게 '말 걸기'를 시도함으로써 이방인의 한계와 장벽을 넘어서고 있다. 대화의 주체로서의 이방여인은 단순히 인종과 종교의 한계를 극복한 것이 아니라 1세기의 차별과 편견의 세계관을 무너뜨리고 있는 것이다. 강요섭이 적절하게 지적하는 것처럼 예수와 이방여인의 대화는 "당시의 사회—문화적 규범, 도덕화의 화석이 되어 버린 종교 제도—의 틀을 깡그리 부수어 버린 이야기"(1991, 124)라고 할 수 있다. 이방여인의 용감한 행동은 '인종차별주의'와 '자민족중심주의'의 가치관을 전복시키고 있는 것이다.

마가복음의 본문은 예수와 이방여인이 '대화와 소통'을 통해서 "상호변화"(Juel, 1990, 108)를 경험하고 있다는 사실을 보여 주고 있다. 한국사회의 구성원은 다인종·다문화 사회를 최근에 경험하고 있기 때문에 다양한 인종, 문화, 언어, 전통, 관습을 이해하는 것이 쉽지 않다. 또한 이주여성은 고향과 가족을 떠나 낯설고 불편한 환경에서 생존하고 적응하는 어려움이 있다. 한국사회의 구성원과 이주여성이 함께 공존하고 상생하기 위해서 "혼종적 정체성"(hybrid identity)(박흥순, 2006, 92)을 유지하면서 '상호변화'의 관점을 지녀야 할 것이다. 서로 다른 문화, 언어, 삶의 방식, 가치관에 관해서 '말 걸기'와 대화를 시도함으로써 다문화사회의 '대등한 주체'로서 역할을 해야 한다. 한국교회의 기독교인은 다양한 형태의 편견과 차별에 맞서서 새로운 구성원으로 편입되고 있는 이주여성의 생존을 생명지향의 관점에서 주목해야 할 것이다.

## 6. 맺는말

한국사회에 거주하는 이주민을 위한 대안적 관점을 찾으려는 시도 가운데 성서적 가르침에 주목하는 것은 의미가 있다. 구약성서와 신약성서에서 소개하는 다양한 형태의 이주민의 현존은 신자유주의의 시대를 살아가는 한국교회의 기독교인에게 도전을 제공한다. 하나님의 백성이었던 이스라엘 백성들도, 예수 그리스도의 제자였던 초기기독교 신앙공동체의 기독교인들도 모두 이주민의 정체성을 지니고 살아왔다는 사실에서 한국사회에 거주하는 이주노동자, 결혼이민자, 난민을 포함한 여러 형태의 이주민에 대해 관심을 갖도록 요청한다.

이주민을 위한 성서적 근거를 찾는 방법은 다양할 수 있지만, 이 글에서는 몇 개의 신약성서의 본문을 중심으로 이주민 선교를 위한 '대안적 성서해석'을 제안하고자 시도했다. 이주민을 위한 '대안적 성서해석'이라는 말에서 추정할 수 있는 것처럼 신약성서를 근거로 이주민 선교를 위한 비판적 성찰과 함께 '하나의 대안'으로서의 성서해석을 제시하는 것이다.

이주민을 위한 대안적 성서해석은 이주민에 대한 적절한 인식에서부터 출발한다. 이주민의 현존은 신자유주의 시대와 밀접한 연관을 가지고 있으며, 신자유주의 시대의 가장 커다란 희생자들 가운데 하나라고 할 수 있다. 기독교적 관점에서 이주민을 바라볼 때 신자유주의의 억압과 속박에 대항하는 예수의 해방의 실천이 절실하게 요구되는 것이다.

신자유주의 시대의 이주민을 위한 선교는 경제적 도움을 제공하는 시혜적인 관점이 아니라 생명과 생존에 관심을 갖는 하나님의 정의의 시각에서 바라볼 필요가 있다. 하나님의 정의를 통해서 바라본 이주민 선교는 결국 이주민을 향한 하나님의 우선적 선택과 관심과 밀접한 관계를 가지고 있다. 하나님의 정의와 하나님의 우선적 선택이라는 시각에서 한국교회의 기독교인을 성찰할 수 있는 계기가 요청된다.

이주여성노동자와 결혼이주여성을 포함한 이주여성의 삶을 고찰하면서 사회통합의 대상으로 '타자'로 대할 수 없고, 사회통합의 자율적 주체로 고려되어야 한다. 이주여성이 한국사회의 구성원들과 '창의적 말 걸기'를 통해서 주체적으로 살아갈 수 있도록 한국교회와 기독교인은 협력해야 할 것이다.

## 참고문헌

강요섭. 「복음의 시작 길의 건설」. 서울 : 한국신학연구소. 1991.
김광수. "예수의 귀신축출 사역의 사회–정치적 이해 : 마가복음 5 : 1–20." 「복음과 실천」 제23집. 1999.
박흥순. 「마이너리티 성서해석」. 서울 : 예영 B&P, 2006.
박흥순. "한국사회의 광우병 담론에 대한 성서의 대안적 관점." 「인문과학」 제42집. 2008.
박흥순. "한국사회 이주여성의 현존과 대안적 성서해석." 「시민사회와 NGO」 제6권 2호. 2008.
이나영. "초/국적 페미니즘–탈식민주의 페미니스트 정치학의 확장." 「경제와 사회」. 제70호, 2006.
정양모. 「마태오 복음서 : 한국 천주교회 200주년 신약성서」. 왜관 : 분도출판사, 1990.
Donahue, John R. · Harrington, Daniel J. *The Gospel of Mark*. Sacra Pagina Series. Volume 2. Collegeville : The Liturgical Press, 2002.
Gnilka, Joachim. 번역실 역. 「마르코복음(I). 국제성서주석」. 서울 : 한국신학연구소, 1985.
Guelich, Robert A. 김철 역. 「WBC 성경주석 : 마가복음(상)」. 서울 : 솔로몬, 2001.
Gutiérrez, Gustavo. *The God of Life*. London : SCM Press, 1991.
Hagner, Donald A. *Matthew* 14–28. Word Biblical Commentary. Dallas : Word Books, 1995.
Hare, Douglas R. A. *Matthew*. Interpretation Bible Commentary. Louisville : John Knox Press, 1993.

Hare, Douglas R. A. *Mark*. Louisville : Westminster John Knox Press, 1996.
Hill, David. *The Gospel of Matthew. The New Century Bible Commentary*. Grand Rapids : William B. Eerdmands, 1972.
Juel, Donald H. *Mark*. Augsburg Commentary on the New Testament. Minneapolis : Augsburg Publishing House, 1990.
Kee, Howard Clark, 서중석 역. 「신약성서의 이해」. 서울 : 한국신학연구소, 1990.
Long, Thomas G. *Matthew*. Westminster Bible Companion. Louisville : Westminster John Knox Press, 1997.
Rhoads, David. *Reading Mark*, Engaging the Gospel. Minneapolis : Fortress Press, 2004.
Waetjen, Herman C. *A Reordering of Power*. Minneapolis : Fortress Press, 1989.
Witherington Ⅲ, Ben. *The Gospel of Mark*. A Socio-Rhetorical Commentary. Grand Rapids : William B. Eerdmans Publishing Company, 2001.

# 부산지역 이주민 현황과 이주민 선교의 과제 : 결혼이주여성/다문화가족을 중심으로[1]

| 황홍렬 교수(부산장신대학교, 선교학)

## I. 들어가는 말

우리 사회에 체류하는 외국인들이 110만 명이 넘었다. 이렇게 많은 외국인들과 더불어 살기는 우리 역사상 새로운 일이다. 지난 30~40년 동안 산업화와 도시화가 빠르게 진행되었고, 거기다가 정보화가 진행되어 서구 사회가 수백 년에 걸친 사회 전환을 한국인들은 불과 한 세대 안에서 압축 체험하고 있다. 전 세계에서 유일하게 원조를 받다가 원조를 하는 국가로 변화되었다. 그런데 우리의 의식은 그러한 사회변화 속도를 따라

---

1) 이 논문은 한국선교신학회 편, 「선교신학」 제22집(2009년) vol. Ⅲ, pp. 283-317 에 실린 "부산지역 이주민 현황과 이주민 선교의 과제"를 일부 수정한 글이다.

가기가 어렵다. 지구화 시대, 이주노동자들이 우리 사회와 경제의 중요한 몫을 차지하고, 결혼이주여성들이 낳은 자녀들이 2020년에는 농촌의 미성년 인구의 절반을 차지하게 되는데도 여전히 우리 의식은 일제 시대를 배경으로 강조된 민족주의나 '단일민족' 의식에 사로잡혀 있다면 우리 사회의 미래는 갈등의 소용돌이 속에서 성숙한 민주주의와 사회발전, 그리고 한반도의 평화와 지구생명공동체의 살림살이에 기여하기를 기대하기는 어렵다.

이 글은 부산지역에서 이주민, 특히 다문화가족/결혼이주여성을 선교하는 교회나 기독교 기관들을 대상으로 이주민의 현황을 알아보고, 교회나 기관의 추천에 따라 심층면접을 통해 다문화가족/결혼이주여성 선교의 현황과 과제를 알아보고자 한다. 본래는 부산지역의 다문화가족은 이주노동자들 사이에 결혼한 가족도 있을 것으로 가정했지만 수도권과는 달리 이주노동자들 사이의 다문화가족은 찾아보기 어려웠고, 외국인이주노동자와 한국여성의 결혼보다는 한국남성과 외국인여성 사이의 결혼이 압도적으로 많았다. 또 부산지역에는 다문화가족/결혼이주여성 선교를 하는 교회나 기관들이 네 군데밖에 없을 뿐 아니라 대상도 적고, 임신이나 출산, 육아 등으로 재적 숫자에 비하면 출석 숫자가 적어 심층면접과 병행하려던 설문조사는 포기할 수밖에 없었다. 따라서 부산지역의 다문화가족/결혼이주여성 선교에 대한 현장연구는 한국 전체뿐 아니라 부산지역의 다문화가족/결혼이주여성 일반적 상황과 다를 수 있다. 이런 점 때문에 현장연구 각각의 항목을 분석하면서 전국 통계라 할 수 있는 보건복지부의 「국제결혼 이주여성 실태조사 및 보건·복지 지원 정책방안」(2005)을 참조했다. 다만 지면 관계상 이 글에서는 생략했다. 그리고 부산지역 선교단체나 기관, 교회들은 다문화가족을 선교하기보다는 주로 결혼이주여성들을 대상으로 선교하고 있다. 이 기관들은 결혼이주여성의 남편이나 자녀들을 선교하려는 계획을 갖고 있기 때문에 다문화가족 선교라고 할 때에는 이런 한계를 전제로 하고 있다. 이 글에서는 다문화가족 선교와 다문화가족/결혼이주여성 선교라는 용어를 병행해 사용하기로 한다.

다문화가족 면접 질문지는 문헌연구를 통해 이미 이뤄진 연구 조사 결과를 참고로 했으며, 2006년 박사 후 연수과정에서 연구했던 이주노동자 선교 질문지를 참고로 사용했다. 수도권의 이주노동자 선교와는 달리 부산지역의 다문화가족/결혼이주여성 선교는 시행된 지 3~5년밖에 되지 않아 아직 시작 단계에 불과해 다양한 활동이나 활동에 대한 깊은 평가를 하기 어려웠다. 그렇지만 이러한 연구가 앞으로 다문화가족/결혼이주여성 선교를 하려는 교회나 기관에 유익하게 쓰일 수 있을 것으로 보이며, 2차 연도 연구에 비교연구 대상으로 사용될 것이다. 국내에는 다문화가족/결혼이주여성 선교에 대한 지역연구가 거의 없기 때문에 이러한 연구 시도 자체가 의의가 있다고 하겠다. 다만 앞으로의 연구는 탈식민주의 페미니즘을 방법론으로 차용하는 것이 절실함을 느껴 2년차 연구에 적용하려 한다.

다문화가족/결혼이주여성 선교의 결과가 다른 연구에 비해 긍정적으로 나온 것은 본 연구 대상들이 주로 선교기관이나 교회 등에 출석하며 열심히 사는 결혼이주여성이나 다문화가족들이기 때문으로 해석된다. 따라서 상담소나 쉼터 등 피해를 입은 여성들이 주로 찾아오는 현장의 보고서와는 상당한 차이가 있을 수밖에 없을 것이다. 이 글은 이러한 한계를 잘 인식하고 있다. 따라서 본 연구의 결과를 일반화하기보다는 2차 연도의 연구 결과와 비교하고, 전국 실태조사와 비교하면서 그 의의를 상대화시키도록 하려고 한다.

마지막으로 다문화가족, 결혼이주여성 관련 주요 이슈들을 다루면서 이주민 이해를 깊이하고, 신학적으로 반성함을 통해 이주민 선교신학을 정립하기 위한 정초를 놓으려 했다.

## 2. 연구방법과 목적

### 1) 선행 연구 검토

먼저 소수자 입장에서 접근한 연구들이 있다. "한국사회의 마이노리티"(장태한, 2006)에서 소수자 선정에 대한 선정 기준과 대상을 제시했고, 소수자 보호법을 제도화할 필요가 있다고 보았다.

국제결혼의 시각에서 본 글로는 "국제결혼 배우자의 갈등과 적응"(윤형숙, 2004/2005)이 있는데 이 글은 국제결혼을 세계화의 맥락에서 살피되 중개인으로서 종교단체, 사설중개업자, 국제결혼을 한 친구나 친지 등 세 가지 부류를 제시하고, 국제결혼을 통해 여성은 가부장적 가족 질서로 편입되면서 처음부터 부부관계가 불평등하게 되어 갈등의 단초를 지적하고, 이런 갈등을 부추기는 억압의 기제들과 가부장 질서에 적응, 저항, 탈출의 길을 살피면서 국제결혼 배우자를 위한 정책과 지원체계 수립을 위해 제언을 하고 있다.

국민국가의 주권과 관련해서는 이중국적을 국민국가의 주권 행사와 전략이라는 차원에서 살펴보았고, 이민을 거주국과의 관계만이 아니라 출신국과의 관계도 고려해야 한다(이철우, 2006).

지역연구의 접근으로 부산지역 여성결혼이민자의 사회통합 과정에 대한 연구에서는 가족 간 사회통합의 정도는 가부장적 가치에 대한 태도 수용이 높을수록 높았다(김현숙, 2006). 외국인 관련 공공정책은 다문화주의 이데올로기를 통해서 해결할 수 없고, 인구성장, 인구이동, 경제발전에 대한 통합적인 접근방법과 대응정책이 필요하다(전광희, 2006). 부산지역 여성결혼이민자 현황은 중국 출신이 75%를 차지하는데, 이들은 주로 개인 인맥을 통해 결혼하는데 반해, 베트남과 필리핀 여성은 국제결혼 정보업체의 알선을 통해 결혼을 하고 있다. 사회적 통합 방안으로는 인권증진과 경제활동 지원이다(김형균, 주경임, 2006).

결혼이주여성이나 다문화가족에 대한 심층연구 접근방식으로는 필리핀 이주노동자들로서 한국여성의 남편이 되어서 노동권이나 평등권보다는 민족국가의 전제가 우선인 우리 사회에서 겪는 어려움을 조사하거나(김민정, 2003), 베트남과 필리핀 출신의 결혼이주여성들 15명과의 인터뷰를 토대로 그들의 딜레마를 결혼 동기, 자원 획득과 통제, 관계망 등을 통해 연구하거나(김민정·유명기·이혜경·정기선, 2006), 결혼이주여성 38명을 인터뷰하여 문화적 갈등과 소통의 현실을 다뤘다(김이선·김민정

· 한건수, 2006).

광역자치단체로서 결혼이주여성 지원책을 보면 경기도가 이민가족을 지원하기 위한 장단기 계획을 수립한 것을 볼 수 있다(경기도 가족여성개발원, 2007). '장수민들레 아카데미'와 '찾아가는 민들레 교실'이 여러 시민사회단체들이 연대해서 운영하고 있다는 점이다(이현선, 2007).

한편 교회의 이주민 선교나 사목과 관련한 글들이 최근에 많이 나오고 있다. 교황청의 이주사목평의회의 이주민 관련 훈령을 소개하거나(김혜경, 2004) "교회와 이민"이라는 주제를 특집으로 세계화와 이주민, 이주노동자를 보는 시각, 이주여성, 이민사목에서의 지역교회의 협력, 이민법 개정 논란과 미국교회의 노력, 국내 이주사목의 현실과 방향 등에 대해 다뤘다(「사목」, 2006년 7월). 이주노동자 선교에 대한 실증적 연구는 많지 않지만 심층 인터뷰와 10개 국가 540명에 대한 설문조사를 바탕으로 한 이주노동자 선교에 대한 연구가 있다(황홍렬, 2008).

### 2) 용어 정의와 접근 방식

'이민'은 가족 모두가 동시에 또는 일부가 이주하고 나머지 가족이 나중에 합류하든, 가족단위의 이동을 말하며, 이동 후 그 지역에 정착함을 가리킨다. 반면에 '이주'는 이동 후 본국으로 돌아갈 수도 있고 제3국으로 다시 이동하는 경향을 말한다. 여성가족부에서 한국남성과 결혼하기 위해 온 동남아출신 여성들을 '여성결혼이민자'라고 부른다. 이는 결혼을 위해 이민 온 여성이라는 점을 강조한다. 그러나 동남아 출신 여성들은 경제적 문제가 고려된 결혼이 선택된 이주, 출신국의 정치경제적 상황과 자신의 사회경제적 지위 등을 고려할 때 이민보다는 이주가 더 적절해서 본 연구에서는 '결혼이주여성'이라 부르기로 한다(김혜순, 2007, 12).

국제결혼을 한 가족을 흔히 이중문화가족이라 부른다. 그런데 이들 가운데 한 사람의 부모가 다문화가족일 경우를 일컬어 다문화가족이라 칭한다. 이제는 서로 다른 문화적 배경을 가진 사람들로 이루어진 가족을 '다문화가족'이라 칭한다. 본 연구에서는 문화적 배경이 다른 사람들 사이의 결혼을 통해 이룬 가족을 다문화가족이라 부르기로 한다.

그런데 결혼이주여성이든 다문화가족이든 '국민'이나 '민족주의' 이데올로기로 접근해서는 여러 가지 갈등을 해소하기 어렵다. 이러한 갈등을 해소하기 위해서는 '인종', '민족', '국가' 등의 문제로 접근하는 것이 바람직하다(김혜순, 2007, 14). 즉, 기존의 '국민' 개념으로 접근해서는 갈등 해소가 어렵고 더 복잡해질 수 있다. 바꿔 말하면 하나의 국가는 다인종과 다민족으로 구성될 수 있다는 것을 받아들일 때 인종 간, 문화 차이로 인한 갈등을 해소할 수 있다.

우리 정부는 지난 2년간 이러한 문화적 갈등을 해소하기 위한 대안으로 다문화주의를 주요한 정책방향으로 제시했고, 학계와 언론에서도 다양한 방식으로 다문화주의에 대한 논의나 소개가 활발하게 진행되어 왔다. 그런데 우리 사회에서 전개되는 다문화주의 논의에 대한 심각한 문제제기가 있다.

3) 연구범위

연구범위는 부산지역의 결혼이주여성/다문화 가족을 선교하는 센터나 기관, 교회에 참여하는 결혼이주여성/다문화 가족 중 주로 여성(일부 한국남편 포함)에 국한하려 한다.

4) 연구방법

(1) 문헌연구

수도권과 부산·경남지역의 다문화가정과 결혼이주민에 대한 자료와 문헌과 통계를 수집하여 연구함으로써 조사 항목을 보완하거나 수정하도록 한다.

(2) 민중의 사회전기 : 심층면접

김용복의 민중의 사회전기[1]를 이 글에서는 다문화가정, 결혼이주민들에게 적용시키려 한다. 그들은 가난한 나라에서 살다가 한국으로 결혼하러 오거나 일하러 왔다가 결혼을 하게 되었다. 그들이 이 땅에 오기까지 어떻게 살았는지를 성장과정부터 가족 배경, 성장환경을 살펴보고, 결혼과정, 정착과정, 가정생활, 부부관계, 가족관계, 친구관계, 자녀 양육/교육, 본국 가족과의 연락, 경제생활, 여가생활, 사회복지 시설 이용정도, 당면과제, 장래계획, 출석교회/선교단체, 주일예배, 종교, 한국교회의 다문화가정/결혼이주민 선교에 대한 생각 등을 통해 결혼이주민/다문화가정 선교의 과제를 이해하고자 한다.

### (3) 타자와의 만남의 선교론[2]

타자와의 만남의 선교론의 핵심을 다음과 같이 제시할 수 있다. 1) 처음에는 변화의 주체가 선교사였다. 2) 선교사가 타자와의 만남, 하나님과의 만남으로부터의 '예상치 못한' 도전을 받고 하나님의 '뜻밖의' 역사에 직면해서 선교사 자신을 변화시키지 않는 한 선교는 발전할 수 없다. 바꿔 말하면 선교사가 타자를 선교의 대상이 아니라 선교의 파트너로 만나지 않는 한 하나님의 선교에서 상호변형은 일어날 수 없다. 3) 이런 과정 속에서 선교사의 옛 정체성은 부인되고 새로운 정체성을 얻게 된다. 선교사들은 하나님의 뜻과 인간 상황에 대한 자신들의 이해(옛 정체성)를 갖고 선교지에 파송된다. 그들이 타자와 하나님을 만남으로써 그들은 자신들의 이해를 바꾼다. 이렇게 해서 그들은 변화되고 새 정체성을 얻는다. 그러나 이런 과정은 끝나지 않는다. 왜냐하면 선교는 "하나님에 대한 자신의 이해에 신뢰를 두지 않으면서도 평생 하나님께 대한 신뢰를 실천하는 것"[3]이기 때문이다. 선교사의 정체성 위기는 그가 선교에 참여하는 한 결코 끝나지 않는다. 4) 선교사가 자신의 변화에 도전해야 하는 것처럼

---

1) 황홍렬, "고용허가제 이후 이주노동자 선교의 과제와 전망," 장로회신학대학교출판부, 「선교와 신학」 제21집(2008), pp. 226-227.
2) 황홍렬, "타자와 만남의 선교론," 「한반도에서 평화선교의 길과 신학 - 화해로써의 신학」(서울 : 예영 B&P, 2008), pp. 19-34.
3) Walter Hollenweger, *Evangelism Today : Good News or Bone of Contention?*(Belfast : Christian Journals, 1976), p. 96.

선교론은 자기비판으로서 또는 부메랑처럼[4] 신앙 공동체를 변화시키거나 기독교를 변화시키거나 신학을 변화시키는 데 도전해야 한다.

(4) 이주민 선교 대표자/전문가 면담

부산지역에서 이주민/다문화가정 선교를 하는 전문가들과의 면담을 통해 주요 경험을 듣고 이주민 선교의 주요 방법, 한국교회의 이주민 선교의 문제와 대안을 듣도록 한다.

5) 연구의 목적

본 연구는 부산지역에서 다문화가족을 선교하는 단체나 기관, 교회 등을 통해 결혼이주여성/다문화가족 현황 파악을 하고, 결혼이주여성/다문화가족 선교의 과제를, 이주민 선교의 방법과 신학을 모색하는 것을 목적으로 삼는다.

## 3. 부산지역 결혼이주여성/다문화가족 현황

행정안전부가 2009년 5월 한 달간 조사한 "2009년 지방자치단체 외국인주민현황조사결과"[5]에 의하면 부산지역에 거주하는 외국인은 40,913명으로, 부산 인구 3,555,949명의 1.2%에 해당한다. 이는 전국 평균 2.2%보다 낮은 것을 알 수 있다. 그렇지만 부산에 거주하는 외국인은 우리나라에 거주하는 전체 외국인 1,106,884명의 3.7%이다. 부산에 거주하는 외국인은 부산 인구에 비하면 전체 평균(2.2%)에 절반 수준(1.2%)이지만, 외국인 전체 분포도로 보면 3.7%로 높은 편인 것을 알 수 있다. 부산

---

4) J. N. J. Klippies Kritzinger, "Studying Religious Communities As Agents of Change : An agenda for missiology" in *Missionalia* 23 : 3 (November, 1995), pp. 391–392.
5) 행정안전부, "2009년 지방자치단체 외국인주민 현황조사 결과," 행정안전부 보도자료(2009년 8월 5일).

에 거주하는 외국인 가운데 한국국적을 취득하지 않은 결혼이민자는 5,597명이고, 한국 국적을 취득한 자 중 혼인귀화자가 1,929명이다. 국적 여부와 관계없이 부산에 거주하는 결혼이민자가 7,526명이다. 그리고 외국인주민 자녀 중 외국인과 한국인을 부모로 하는 자녀가 4,253명이다. 이는 전체 결혼이민자 125,673명의 5.99%이고, 전체 외국인주민자녀 107,689명의 3.9%에 해당한다. 두 가지 통계 모두 외국인 분포도보다 더 높다. 특히 결혼이민자의 비율은 인구 비율의 세 배에 가깝고, 분포도보다 훨씬 높다.

인구 대비 외국인 비율이 5% 이상이 자방자치단체 가운데 부산에 속한 구는 강서구(7.1%)뿐이다. 인구 대비 0.7% 미만인 지자체는 북구(0.69%), 연제구(0.55%), 동래구(0.5%)이다. 현재 부산에는 외국인 지원기관이 39개가 있는데 이 중 공공기관이 30개, 종교단체가 1개, 민간단체가 8개이다.

부산광역시가 2009년 4월에 발표한 "부산의 사회지표"[6]에 의하면 한국인 남자와 외국인 여자의 혼인의 경우 혼인 건수로는 2001년 684건, 2002년 747건, 2003년 1,343건, 2004년 1,386건, 2005년 1,408건, 2006년 1,466건, 2007년 1,429건이다. 2003년에 외국인여성과 결혼한 부산 남성이 전년도에 비해 거의 두 배 가량 증가했다. 그 후에는 2006년까지 완만하게 증가하다가 2007년에는 오히려 27건 감소한 것을 알 수 있다. 외국인 여성과 한국인 남성과의 결혼이 유행처럼 번지면서 두 배 증가했다가 그 이후에는 부작용이 알려지면서 완만하게 증가한 것으로 보인다. 2002년 전체 국제결혼 건수는 15,913건으로 전체 결혼의 5.2%를 차지했다가 2003년에는 25,658건으로 비율이 8.4%를 차지했다.[7] 그렇지만 국제 혼인 비율은 2004년 11.7%, 2005년 13.7%, 2006년에는 11.6%로 2003년 이후에도 증가하다가 최근에 낮아지는 것을 알 수 있다.

---

6) 부산광역시, 「부산의 사회지표」(2009년 4월).
7) 보건복지부, 「국제결혼 이주여성 실태조사 및 보건·복지 지원 정책방안」(2005년), p. 3.

외국인 여성과의 결혼을 국적별로 보면 2005년 1,408건 중 중국(65.6%), 베트남(18.4%), 필리핀(3.4%), 일본(2.8%), 러시아(2.6%) 순이었다. 2006년에는 1,466건 중 중국(43.6%), 베트남(40.5%), 일본(3.5%), 필리핀(3.3%), 러시아(2.0%) 순이었다. 2007년에는 1,429건 중 중국(46.4%), 베트남(27.2%), 필리핀(5.2%), 일본(4.5%), 태국(2.3%) 순이었다. 부산 남성과 결혼한 외국인 여성의 국적을 보면 1위 중국과 2위 베트남의 순위는 변함이 없지만 비율이 중국의 경우 60%대에서 40%대로 낮아지고, 베트남은 18%에서 40%로 급증했다가 27%로 낮아진 것을 알 수 있다. 즉, 전체 건수에서 중국의 비율이 낮아지는 추세인 것을 알 수 있고, 베트남 비율이 급증하다가 정부의 견제로 감소한 것을 알 수 있다. 그리고 2007년에는 일본과 필리핀의 순위가 바뀐 것을 알 수 있다. 즉, 중국의 감소 추세에 비해 베트남과 필리핀의 증가 추세가 지속되는 것을 보게 된다.

「부산의 사회지표」[8]에 따르면 부산시민의 국제결혼에 대한 견해(2006년 조사)는 '매우 긍정적'(3.6%), '긍정적'(28.6%), '그저 그렇다'(45.5%), '부정적'(17.9%), '매우 부정적'(4.3%)이다. 국제결혼에 대해 긍정적 견해(32.2%)가 부정적 견해(22.2%)보다 높다. 그렇지만 긍정도 부정도 하지 않는 중간 그룹이 45.5%로 긍정적 견해보다 높다. 부산 시민들은 국제결혼에 대해 부정적 견해보다는 긍정적 견해가 높지만 절반 정도의 시민은 아직 유보적 입장을 보이고 있다. 국제결혼의 긍정적인 면은 개방화 시대로의 변화(53.3%), 외국의 문화경험 및 이해의 폭이 넓어짐(19.1%), 인구 증가에 도움(12.9%), 외국인을 친근하게 대할 수 있는 계기(5.9%), 자녀교육에 도움(3.3%) 순이다. 반면에 국제결혼의 부정적인 면은 민족주체성 상실 우려(30.1%), 자녀 문제(교육, 혼혈아로 사회적 냉대, 29.9%), 가치관과 생활방식의 차이로 인한 마찰 우려(27.0%), 언어소통의 불편(9.9%) 순이다. 부산시민들은 국제결혼의 긍정적인 면을 개방화 시대로의 이행, 다문화 경험, 인구 증가에 기여한다고 보았다.

---

8) 부산광역시, 「부산의 사회지표」, pp. 80-85.

여기서 정부의 다문화정책이 '저출산 고령화 대책'의 대안이라고 비판하는 학자들의 견해가 '인구 증가에 기여'라는 응답에 반영된 것을 볼 수 있다. 국제결혼의 부정적인 면으로 '민족주체성 상실 우려'와 '자녀문제(혼혈아 문제)'가 거의 비슷하게 지적되었는데, 이는 부산시민들의 의식에는 여전히 한국사회가 '단일민족'으로 이뤄진 사회이고, 따라서 다문화가족의 자녀는 '혼혈아'로 문제를 일으킨다고 보고 있음을 알 수 있다. 이는 부산 시민의 외국인, 다문화가족에 대한 의식교육이 절실한 것으로 보인다.

「부산의 사회지표」에 의하면[9] 다문화가구원을 위해 가장 시급히 해결해야 할 사항(복수응답)으로는 다문화가족에 대한 편견을 없애는 사회분위기 조성(48.1%), 사회적응을 위한 한글·교육서비스(47.8%), 직업훈련 및 취업알선(40.3%), 경제적 지원(30.4%), 혼혈인 자녀를 위한 특별교육과정 지원(16.2%) 순이었다. 다문화가구를 지원하기 위해 제일 먼저 필요한 것은 다문화가족을 향한 편견을 불식시키는 점은 고무적이다. 그렇지만 한글교육, 직업 및 취업 훈련 등 대부분이 한국사회에 동화되는 것을 지향하는 것은 한계라고 본다. 더구나 설문 자체에서 '혼혈 자녀'라고 표현한 것은 부산광역시로부터 다문화가족에 대한 올바른 이해가 절실하다는 것을 보여 준다고 생각한다.

## 4. 다문화가족의 사회전기를 통하여 본 다문화가족/이주민의 현황

### 1) 사회전기 면접 기간, 대상, 언어

다문화가족 사회전기를 위한 심층면접을 시행한 기간은 2009년 2월 5일부터 5월 20일까지였다. 모두 16명을 대상으로 15가정(한 쌍 부부 포함)의 아내 13명과 남편 3명을 면접했다. 면접을 시행한 교회와 기관·센터는 YWCA 강서구종합사회복지관(관장 조성혜, 간사 조혜정), YWCA

---

9) 부산광역시, 「부산의 사회지표」, p. 111.

부산진구 종합사회복지관(간사 손혜련), 이주민문화센터(이사장 정노화 목사, 소장 전병호), 한울교회(제일출 목사, 성인수 목사 담당) 등이다. 국적별로 보면 베트남 여성 4명, 페루 여성 3명, 필리핀 여성 2명, 한국 여성 2명, 중국 여성 1명, 인도네시아 여성 1명, 그리고 한국 남성 3명(아내의 국적은 필리핀 2명, 베트남 1명)이다. 사회전기 면접 선정 기준은 가급적 경남지역의 결혼이주여성 비율에 근접하려 했지만 다문화가족 선교를 하는 교회나 기독교 기관이나 선교센터의 사정을 따를 수밖에 없었다. 일부 기관의 경우 중국 여성들이 임신이나 출산과 관련해 한국어 교육을 쉬고 있었다. 또 가급적 남편들도 인터뷰를 하려 했지만 본인들이 원하지 않거나 다수가 교회나 기관에 잘 나오지 않기 때문에 YWCA 강서구종합사회복지관에서만 가능했다. 면접 대상 선정은 연구자가 기본 방향을 제시하지만 센터나 기관의 실무자들의 추천에 따랐다.

    면접은 한울교회의 경우만 주일예배를 마친 후 실시했고, 다른 기관들은 평일을 이용해 센터나 기관에서, 장소가 없는 경우에는 근처 카페나 커피숍에서 진행되었다. 면접 시간은 보통 1시간 30분 정도 걸렸는데 두 시간인 경우도 있다. 그렇지만 센터 수업시간이나 기관의 사정에 따라 1시간 정도로 마친 사례도 있다. 면접 시 사용된 언어는 대부분 한국어였고, 베트남어를 한국어로 통역한 경우가 1건, 필리핀 여성의 경우 영어로 인터뷰했고, 인도네시아 여성의 경우 인도네시아어를 영어로 통역했다. 페루 여성들은 한국 여성과 페루 여성이 통역했다.

    면접 내용은 인터뷰 장소에서 노트북에 바로 기록했다. 사회전기의 내용은 출생과 가정환경(부모, 경제형편, 가족, 종교, 이주), 성장과정(어린 시절, 학교), 직업과 수입, 한국에 대해 알게 된 계기, 결혼(동기, 만남 주선자, 사귄 기간, 결혼 결정한 이유, 가족의 찬성여부, 결혼 목적, 결혼식, 신혼여행, 출국대기 기간, 국제결혼에 대한 친척/친구들의 반응), 다른 나라에 일하러 간 경험, 한국 입국 준비 및 애로사항, 배우자 가족 구성, 남편/아내의 직업, 연령차이, 학력, 재혼/이혼여부, 장애여부, 정착과정에서 어려운 점, 남편/아내의 태도와 협조, 문화/종교 갈등, 시부모/시댁 식구들의 태도와 협조, 언어문제(도움 받는 기관, 어려움, 의사소통

정도), 가정생활 애로사항 및 부부싸움 원인, 고부간 갈등, 가정의 중심유형(부부중심, 부모중심, 자녀중심), 가정의 애로사항, 고국 친구와 한국 친구, 인종차별 경험 여부, 정착에 도움을 준 기관/사람들, 취업, 자녀가 있는 경우(임신, 출산, 육아, 비용), 자녀가 학교에 다니는 경우(학교교육 문제, 문제와 적응 및 애로사항, 만약 국제결혼한다면 찬성여부), 친정과의 연락 정도와 송금 여부, 자국 사람들 모임, 결혼 전 목적과 결혼 후 가정생활의 변화, 자기 정체성 문제, 장래계획, 현재 교회/기관/단체를 알게 된 계기와 그 장점, 제안사항, 한국 정부나 사회에 제안사항 등이다.

기관/단체 실무자에게는 면접 내용의 개요를 미리 알렸으나 면접 당사자들은 실무자들의 소개를 받고 와서 면접 취지에 대해 말하면서 개요를 알렸다. 면접 취지는 연구자가 다문화가족의 삶을 배우고자 하는 것과 당사자가 살아온 이야기를 나누며 자기 정리를 하는 기회를 부여하는 것이라 했다. 한글을 잘 읽고 이해하는 경우에는 면접 질문지를 서로 보면서 인터뷰를 하기도 했다. 대부분은 면접 취지와 개요를 듣고 연구자의 질문에 대답하는 형식을 취했다. 일부는 살아온 이야기를 하다가 빠트린 부분을 연구자가 추가로 질문하기도 했다. 그러나 흐름상, 또 시간에 쫓겨 질문을 못한 경우도 있다. 중요한 사항들은 전화나 실무자들을 통해 확인하기도 했다. 면접 대상자 가운데 1명(한국여성)만 인터뷰 시작 전 30분 정도 연구자가 어떤 사람인지, 어떤 태도로 연구하는지에 대해 질문한 후 면접을 시작했다. 다른 모든 면접 대상자들은 실무자의 추천에 따라 실무자에 대한 신뢰를 바탕으로 면접이 진행되었다.[10]

### 2) 사회전기 주요 내용

면접 대상인 가정은 한국 남편 - 베트남 아내 5가정(인터뷰는 아내 4명, 남편 1명), 한국 남편 - 필리핀 아내 3가정(아내 2명, 남편 2명, 부부 인터

---

10) 면접자들의 이름은 모두 가명이다. 모두가 한국인으로 귀화하지도 않았고, 자신의 정체성을 전적으로 한국인으로 여기지도 않았지만 이 글에서는 편의상 가명을 한국이름으로 하는 것을 당사자들이 양해해 주기를 구한다.

뷰 포함), 한국 남편 – 페루 아내 3가정(아내 3명, 이 중 두 명은 친자매), 한국 남편 – 중국 아내 1가정(아내 1명), 한국 남편 – 인도네시아 아내 1가정(아내 1명), 페루 남편 – 한국 아내 1가정(아내 1명), 파키스탄 남편 – 한국 아내 1가정(아내 1명) 등이다. 평균 연령 차이는 10.5세로 높은 편이고, 결혼이주여성의 경우 가정형편이 어려운 여성이 11명 중 9명이었다.

종교의 경우 부부가 같이 불교인 가정이 네 가정(아내가 베트남 출신), 기독교가 두 가정(가톨릭과 개신교로 이뤄진 가정)이다. 불교와 기독교로 이뤄진 가정은 네 가정이다(아내가 필리핀이거나 페루). 한쪽은 종교가 있고, 다른 한쪽은 종교가 없는 가정이 네 가정이다(무종교는 한국 남편 3명, 중국 여성 1명). 학력은 부부가 동일하게 고졸인 가정이 세 가정이다. 아내의 학력이 남편보다 높은 경우가 6가정이다. 이 경우 아내가 고졸인데 남편이 중졸, 초졸이 각각 한 가정씩이고, 아내가 대졸인데 남편이 고졸이 세 가정, 남편이 중졸이 한 가정이다. 남편의 학력이 아내보다 높은 가정은 세 가정이다. 남편의 학력이 대졸인데 아내 학력이 고졸, 초졸이 1가정씩이고, 남편이 고졸인데 아내가 중졸이 한 가정 있다.

친척/친지의 소개로 만난 경우가 네 가정, 기관 소개가 세 가정, 통일교가 세 가정, 연애결혼이 다섯 가정이다. 결혼의 가장 중요한 목적은 11명의 결혼이주여성의 경우 부모님 돕기가 5명, 배우자 구하기가 2명, 한국에 살고 싶다가 2명, 행복한 가정, 통일교에 결혼 안 해도 된다고 했는데 속았다가 각각 1명이었다. 한국 남성 3명의 목적은 가정 이루기였다.

15가정의 남편의 직업은 회사나 공장 6명, 일용직 2명, 기사 2명, 선원, 기계 중개상, 중장비 기사, 영어 강사 각각 1명씩이다. 알코올중독자로 일하지 않는 남편이 1명 있다. 수입은 100~120만 원이 3가정, 150~60만 원이 3가정, 200~240만 원이 3가정, 중장비 일이 있으면 400만 원(해외로 가면 그 이상), 그리고 비정기적인 경우도 한 가정 있다.

결혼이주여성 11명 가운데 7명이 정착과정에서 제일 힘든 것이 언어라고 했다. 입국하고 바로 임신해서 병원에 가도 통역이 없어 힘들거나(1명), 입덧하는 데 먹지 못해 고생하거나(1명), 매운 음식이나 냄새나는 음식(청국장, 된장)을 먹지 못하거나(4명), 남편과의 불화 때문에 몸무게가 줄었다(1명). 예외자는 이주노동자로 3년 전에 입국했다가 결혼한 여성 1명이 있다. 가정생활에 대한 만족도는 응답을 한 9명 중 6명은 '중'이고, 3명은 '하'이다. 부부싸움의 주된 원인은 경제문제가 4명, 육아문제로 2명, 남편의 술로 2명, 육아와 남편의 술, 남편 친구들과 자주 어울리기, 남편이 늦게 들어옴, 부부 간 문화차이 등이 각각 1명씩이었다. 부부싸움을 거의 안 한다는 가정도 3명이었다. 가족 구성원 중 가족중심형태로 보면 자녀중심의 가정형태를 지향하는 가정이 아홉 가정이고, 부부중심의 가정형태가 세 가정이고, 아내중심의 가정형태와 남편중심의 가정형태가 각각 한 가정씩이다.

자녀의 숫자는 1명이 10가정이고, 2명이 4가정이고, 자녀가 없는 가정이 한 가정 있다. 육아의 어려움은 아이가 아플 때 대응방법과 병원에서 의사소통의 문제, 아기 목욕시키기, 자녀와 아빠의 대화부족, 육아에 남편이 지원하지 않음, 아빠가 직장 때문에 한 달에 두 번밖에 들어오지 않음 등이다. 그리고 육아방법이 시어머니와 차이가 생길 때 어렵다고 했다. 초등학교 이상의 연령의 자녀들 둔 가정이 여섯 가정이 있다. 이 중에서 학교에 다니지 않는 자녀는 15세에 입양되었던 한 명(현재 19세)이다. 아직 한국어가 서툴러 공부 중이고 돈을 모아 대학에 가려고 일하며 준비 중이다. 나머지 다섯 가정 중 학교에서 자녀들이 차별을 받는 가정은 세 가정이었다.

아내나 남편 중 국적을 획득한 사람은 4명이고, 국적 신청 중인 사람은 5명인데, 6개월 후 국적 신청하려는 사람이 1명 있다. 현재 자신의 정체성에 대해 여성 12명 중 한국인과 조국 사이에 반/반이라고 말하는 사람이 6명(필리핀 2명, 베트남, 페루, 중국, 인도네시아가 각각 1명)이고, 한국인이 되고 싶거나 한국인이라고 한 사람은 4명(베트남 3명, 페루 1명)이고, 아직 자기 나라(페루)나 남편의 나라 사람(파키스탄)이라고 말한 사람이 2명이다. 이들은 한국 여성으로서 남편의 국적을 정체성으로 택한 것은 이슬람 종교 때문이다. 자녀들의 정체성과 관련해서는 9명이 한국인으로 키우고 싶다고 했다. 자녀의 정체성을 아빠의 국적에 따르거나, 두 나라 정체성을 모두 갖게 하겠다거나, 본인의 선택을 따르겠다는 응답은 세 명에 불과했다.

3) 주요결과들

첫째, 다문화가족의 일상성의 회복이다. 그동안 언론에 비쳐진 다문화가족의 극단적 사례들로 인해 다문화가족을 문화적 배경이 다른 사람들로 이뤄진 가정이라기보다는 문제가 많은 가정으로 보는 선입관이 있었다. 이번 연구를 통해 교회나 복지관, 시민사회단체 등을 통해 한글을 열심히 배우는 가족들의 경우 열심히 사는 '평범한' 가족들이 더 많음을 알 수 있다. 다문화가족의 일상성의 회복은 한국인끼리 동일한 문화를 배경으로 이룬 가족과 다문화가족 사이에는 그렇게 큰 차이가 존재하는 것이 아니기 때문에 다문화가족에 대한 편견이나 선입견을 극복하는 것이 필요하다는 것을 연구결과는 보여 준다.

둘째, 이주노동자와 비교할 때 한글을 배우고 한국문화를 배우며 한국문화에 적응하는 속도가 대단히 빠르다는 점이다. 언어와 문화적응을 위한 능동성과 신속함은 출신국가가 한류에 영향을 받을 때에는 더 가속화됨을 알 수 있다.

셋째, 기독교 신앙이 부부 사이의 갈등을 해소하는 데 도움을 주거나 한국문화에 적응하는 데 기여를 하고 있음을 확인했다. 교회에 다니는 경우는 말할 것도 없지만 기독교시민사회단체가 주관하는 프로그램에 참여하다가 교회를 다닌 경우 신앙은 부부갈등을 극복하고, 한국문화에 적응하며, 한국생활에서 오는 어려움을 극복하는 데 큰 기여를 하고 있음을 확인했다. 한국교회의 여전도회 총무를 맡아 적극적으로 교회생활을 하는 결혼이주여성도 있다. 그러나 상당수의 결혼이주여성들은 신앙에 관심이 없거나 다른 신앙을 지닌 사람들이었다. 다문화가족 선교의 의의를 보여주는 대목이다.

넷째, 부산과 경남을 비교할 때 경남지역은 농촌 남성과 외국 여성과의 결혼이 많고, 부산과 같은 대도시에서는 외국인이주노동자와 한국 여성의 결혼이 많을 것으로 예상했는데, 연구결과는 부산에서도 외국인이주노동자와 한국 여성의 결혼보다는 한국 남성과 외국 여성의 결혼이 더 많은 것으로 나왔다. 물론 이것은 심층면접 대상에 국한된 것이기는 하지만 수도권과는 다른 점은 분명하다고 보아야 한다.

다섯째, 대부분 결혼알선기관이나 통일교 같은 단체들이 주선해서 결혼을 했다. 결혼알선기관의 경우 '매매혼'에 가까운 결혼을 하게 했지만 그 결과는 파국이라기보다는 '중매를 통한 결혼'에 가까운 결과를 보여 준다. 한국 남성을 만난 지 일주일 만에 결혼해서 수개월 후에 한국으로 오는 경우들이 많았다. 언론은 '매매혼'에서 오는 부정적 사례들을 자주 보여 주지만 인터뷰 결과 다문화가족들은 건강하게 열심히 사는 모습을 보여 주고 있다. 물론 인터뷰 사례 중에도 이혼을 고민하며 어려움을 겪는 가정도 있다. 그렇지만 대다수는 수입이 불안정해서 어려움을 겪고 있지만 부부가 서로 이해하고 노력하며 사는 '평범한' 가정의 모습을 보여 주고 있다. 바꿔 말하면 중매를 통한 결혼처럼 사랑 없이 결혼을 하지만 살아가면서 사랑을 키우거나 정을 쌓아 가고 있다. 다만 가난한 한국남자들이 대부분 겪는 문제인 술과 담배, 직업의 불안정 때문에 어려움을 겪는 부부들이 많았다.

### 5. 부산지역 결혼이주여성/다문화가족 선교 현황

1) 이주민문화센터(이사장 정노화 목사, 소장 전병호, 부산진구 전포동)[11]

경남외국인근로자선교회의 부설기관으로 이주민들의 문화적 충돌을 최소화하고 언어장벽을 극복하는 것을 도울 목적으로 이주민문화센터가 2006년 6월에 문을 열었다. 먼저 결혼이주여성들을 대상으로 교육사업을 시작했고, 상담을 중시했다. 매주 월요일과 수요일 오후 2~3시에 한글학교를 열어 한글을 배우도록 하며, 매주 토요일 오전 11~12시와 오후 2~3시에 영어교실을 열어 영어를 배우려는 주민과 이주민의 자연스러운 만남을 통해 한국사회 적응을 돕고 있다. 매 주일 오후 3~4시에 상담치

---

11) 부산이주민문화센터 전병호 소장과의 면담(2008년 12월 19일).

료반을 열어 외국생활과 다문화가정의 부부, 자녀들의 문제를 발견하고 해결하거나 상처를 치료하는 프로그램을 운영하고 있다.

　매 주일 오후 2~4시 사이에는 의료선교회와 연계해 건강검진과 진료를 실시하고 있다. 그리고 명절이 되면 문화행사를 하고, 이주민들 사이의 친목을 위해 체육대회를 개최하며, 자원봉사자와 실무자, 단체장을 위한 세미나를 개설하고, 이주민들에게 한국생활 안내 등을 하고 있다. 국가별 공동체 운영을 할 계획이다. 현재 담당 간사는 이주민들과 같이 놀고 같이 생활하기 위해 장보기, 영화보기를 함께하고, 수다 모임도 하고 있다. 그렇지만 공간과 예산 등을 경남외국인근로자선교회에 의존하고 있어 결혼이주여성이나 다문화가정을 위한 전문화된 활동에 제약을 받고 있다. 또 책임자나 실무자가 이주노동자 업무도 중복하고 있어 이런 제약을 극복하기 어렵다.

### 2) YWCA 강서구종합사회복지관(관장 조성혜, 담당 복지사 조혜정, 강서구 대저동)[12]

　부산시 여성정책과 공모사업에 당선되어 구청 지원사업으로 2006년에 다문화가정 25가정을 지원했고, 2008년에는 37가정(베트남 21, 중국 10, 필리핀 3, 태국, 캄보디아, 키르기스스탄 1명씩)을 지원하고 있다. 주요 프로그램으로는 매주 일요일 오후 2~4시에 열리는 한글교실에는 30가정이 등록해 17~20가정이 출석한다. 참석자의 60%가 베트남 출신 여성이고, 중국 출신이 5명, 필리핀 출신이 3명 등이다. 이 시간에 아이들은 유아방에 맡기고, 남편들은 탁구를 친다. 노인일자리사업단과 연계해 이주여성들을 위한 도우미(친정엄마 역할, 출산 도우미) 역할을 맡고 있다. 상담은 여성인력단체들과 연계해 이뤄지고 있다. 문화행사로는 문화체험교실이 연 3회 열리고, 가족캠프나 여가활동, 세계인의 날 행사 등이 연 1회 시행된다. 2009년 6월부터 남편교육이 시작되었다. 그런데 지속적인

---

12) 부산 YWCA 강서구종합사회복지관 조성혜 관장과 조혜정 간사와의 면담(2008년 9월 29일).

사업을 할 수 있도록 구청이 지원하는 것이 필요하며, 중장기 전망 속에서 결혼이주여성 중심 프로그램으로부터 남편교육과 자녀교육으로 확대하는 것이 필요하다.

3) YWCA 부산진구종합사회복지관(담당 손혜련 복지사, 부산진구 복지로)[13]

2006년도에 부산진구로부터 지원을 받아 한글교실을 열었다. 2009년 말부터 사회복지공동모금의 3년 프로젝트로 시작하면서 보다 지속적인 사업이 되었다. 1차 연도에는 결혼이주여성의 욕구를 파악하고 지원하기보다는 정착에 도움을 주는 데 초점을 두었다. 2차 연도에는 프로그램을 지양하고 가정생활 역량을 강화하거나 필요한 지원을 하는 데 역점을 두었다. 또한 지역사회 주민들이 다문화가족에 대한 인식을 전환하도록 활동하기도 했다. 3차 연도에는 초기에 정착한 결혼이주여성들로 하여금 자조그룹을 형성하게 하여 나중에 온 결혼이주여성들이 정착하는 데 실무자와 함께 지원하고 있다. 해체 가정 문제에도 필요한 지원을 하려 하지만 당사자 가운데 꺼리는 사람들이 있어 어려움이 있다. 이제는 그동안의 경험과 획득한 신뢰를 기반으로 더 향상된 활동을 모색하고 있다. 현재 한글교실은 화요일과 목요일 오후 1시 반부터 3시 반까지 진행하는데 베트남 10~13가정과 중국 5~6가정이 참석하고 있다. 임신의 반복으로 출석이 불규칙하며, 출산 후 최소 1년간—자녀가 성장하는 기간—출석이 어렵기 때문에 한글교실이 체계를 갖추어 지속적으로 운영되는 데 어려움이 있다.

4) 한울교회(제인출 목사, 담당 성인수 목사, 사하구 신평동)[14]

2001년 한 페루 결혼이주여성이 교회에 나와 주일예배를 드린 이후 한때 20명이 예배에 참석하기도 했다. 초기에는 이 여성이 주일예배 설교를 요약해 페루인들에게 다시 전하는 방식으로 모임을 가졌다. 그러다가

---

13) 부산 YWCA 부산진구종합사회복지관 손혜련 간사와 면담(2008년 12월 19일).
14) 한울교회 이사벨 집사와의 면담(2009년 2월 15일).

결혼이주여성들이 모여 한글을 공부하고, 스페인어 예배를 드리게 되었다. 주일 오후 1시부터 4시까지 페루 결혼이주여성들을 위해 프로그램을 제공하고 있다. 1시부터 2시까지는 한글공부를 하고, 스페인어 예배는 2시 반부터 4시까지 드리고 있다. 한글공부는 부산외대 스페인어과 학생이 자원봉사를 하고 있다. 스페인어 예배는 스페인 재활센터에서 최근에 한국으로 선교사를 파송한 러시아 목사가 인도하고 있다. 이 러시아 목사는 기장에 재활센터를 세워 알코올중독자를 치유하는 활동을 하고 있다. 2007~2008년에는 페루 목사가 부산에 이주노동자로 들어와 일하다가 페루 사람의 소개로 교회에 와서 스페인어 예배를 드렸고, 성경공부를 인도했다. 입국한 지 가장 오래된 집사가 6여전도회 총무를 맡아 봉사하고 있으며, 페루 출신 여성들이 구역예배까지 참석한다.

### 5) 부산지역 결혼이주여성/다문화가족 선교 평가

우선 다문화가족 선교의 주체가 약한 편이다. 많은 교회들이 이주노동자 선교에 참여하고 있지만, 다문화가족 선교에 참여하는 교회는 한 교회밖에 찾을 수 없었다. 그리고 오랫동안 이주노동자 선교를 해 왔던 경남외국인근로자선교센터의 부설기관인 이주민문화센터가 이주민 선교에 적극 참여하고 있을 뿐이다. 그밖에는 강서구와 부산진구 YWCA가 이주민 선교에 참여하고 있다. 그렇지만 YWCA라기보다는 종합사회복지관으로서 참여하고 있기 때문에 한계가 있을 수 있다.

한울교회는 페루 출신 결혼이주여성들에게 스페인어로 예배드릴 공간을 제공한다. 예배 인도는 페루에서 이주노동자로 왔던 목사나 스페인어를 하는 러시아 출신 선교사가 담당하고 있지만 교회가 직접적으로 선교활동을 하는 것은 아니다. 이 여성들은 주일예배에 참석하고 여전도회에 교인으로서 참여하고 있다. 이○○ 집사와 같이 신앙이 있고 한국어를 잘 하는 여성을 훈련시켜 스페인어 예배를 활성화시키는 것이 바람직하다고 본다. 처음에는 통역으로 시작했다가 나중에는 현지 사역자를 선발하는 방향으로 나아가기 바란다.

종합사회복지관으로 한글교실 중심으로 문화활동을 펼치는 YWCA로서는 직접적 전도활동보다는 개인적으로 교회와 연계시키는 활동이 바람직할 것이다. 다문화가족의 생활에 신앙이 도움이 된다는 가정들이 여럿 있는 만큼 지역교회와 연계시켜 신앙이 성장하도록 하고, 지속적인 지원을 하는 것이 좋을 것이다. 담당 간사가 교회에서 결혼식을 올리는 것을 보고 교회에 나가고 싶어하는 결혼이주여성도 있었다.

이주민문화센터의 경우 YWCA보다는 보다 적극적으로 선교할 수 있는 형편이다. 그렇지만 공간을 경남외국인근로자선교회와 함께 사용하고, 재정의 한계가 있으며, 담당 간사도 한 명으로 제한되어 있어 소장과 함께 너무 사역이 과중해 결혼이주여성들이 오히려 안타까워할 정도였다. 중장기적으로 독립된 공간과 인적 자원을 갖고 이주민 선교에 전념하게 된다면 부산지역 이주민 선교를 위해 상당한 공헌을 할 것으로 생각된다. 나아가서 이런 센터를 중심으로 부산지역 이주민 선교의 네트워크가 이뤄지고 선교협력의 장이 이뤄지기를 기대한다.

6) 이주민의 제안들(타자와의 만남의 선교론 적용)

(1) 교회/기관/단체에 대한 장단점 및 제안

YWCA 강서구종합사회복지관은 장점으로 한국어교육, 자원봉사 할머니의 도움, 친구들의 만남, 문화교육(음식, 전통 만들기 등), 한국어 교사의 유능함, 복지사의 도움, 생일과 성탄절에 챙겨 줌, 종교적 냄새가 없음 등을 언급했다. 제안사항으로는 남편교육 필요(서예, 인성교육), 한국어교육 회수 증가 등이다. 교회에 출석하는 신자는 교회의 친절함을 장점으로 말했다.

이주민문화센터의 장점으로는 이사장 정노화 목사가 종교를 떠나 도움을 주기 때문에 애들에게도 배우게 하고 싶다고 느낌, 편견 없는 봉사, 평등하게 대해 주는 것, 한국어 공부, 다른 나라 친구들과 사귐 등이 제시되었다. 제안사항으로는 자녀교육 돕기, 자녀에게 아빠의 나라 언어 가르치기, 알코올중독 치료, 고국 방문 지원 등을 제시했다.

한울교회는 한글공부, 스페인어 예배, 어려울 때마다 도움을 주고, 주일에 빠지면 바로 연락을 주는 것이 장점이라 했다.
　YWCA 부산진구종합사회복지관에 대해 제안사항으로는 자녀 양육에 대해 가르치면 좋겠다고 했다. 한국사회에 적응하면서 가장 어려운 것은 임신, 출산, 육아이다. 복지관에서는 자녀 양육하는 것에 대해 자세히 가르치면 좋겠다고 제안했다.

### (2) 정부/사회에 대한 제안

　정부에 대한 제안사항으로는 한국 여성 성○○ 씨는 복지관에서 외국인 여성을 돕는 것은 이해가 되지만 그런 여성들만 일방적으로 배려하는 것은 지나치고, 외국 남자와 결혼한 한국 여성에 대해서 전혀 배려가 없어 안타깝다면서 자신과 같은 다문화가정에 대한 정부의 지원을 요청했다.
　한국사회에 대한 제안사항으로 베트남 출신 김○○ 씨는 한국인의 생각이 바뀌면 좋겠다고 말했다. "부부 사이에 나이 차가 많다. 그래서 돈만 보고 결혼했다고 많은 한국인들이 생각한다. 우리는 가족사랑 때문에 살고 있다. 그렇게 생각하지 않으면 좋겠다. 가난한 나라 사람이니까 생각이 없다고 보아서는 안 된다. 우리도 머리가 있고 생각이 있고 감정이 있다. '외국인이니까 머리가 나쁘다'고 하면 속상하다." 중국 출신 윤○○ 씨는 결혼이주여성이 결혼 후 임신은 1년 정도 기다리는 게 바람직하다고 했다. "말도 안 통하고 음식과 기후, 그리고 남편과 가정을 새롭게 이루느라 힘든 데 임신까지 하면 너무 힘들다. 결혼이주여성들이 입국 직후 임신하게 하려는데 이는 여성들이 도망가지 못하게 하는 것이라고 들었다. 며느리가 행복하게 생활하면 도망갈 것인가? 자신감이 필요하다."

## 6. 부산지역 결혼이주여성/다문화가족 선교의 과제

### 1) 선교 자세

　다문화가족 선교를 하는 교회나 기독교 기관들은 먼저 하나님의 사랑으로 그들을 섬기고 돌보는 것을 통해 신뢰관계를 형성하도록 해야 한다.

필리핀을 제외하면 대부분 기독교 신앙을 경험하지 못한 여성들이 다수이기 때문에 하나님의 사랑을 삶에서 피부로 느끼도록 하게 하는 것이 우선적이다. 이주민문화센터에서 여성들이 언급하는 것처럼 존경을 받고 감동을 받게 되면 마음이 열리게 된다. 사랑 속에서 신뢰관계를 이룬 다음에 전하는 복음은 아름다운 소식으로 들리게 된다.

### 2) 성서적 근거

지구화 시대 '국가 없음'의 시대에 전 지구적 자본주의의 대안을 성경으로부터 찾아야 한다. 성서의 안식일과 안식년과 희년을 지구화 시대에 맞게 새롭게 읽어야 한다. 안식일, 안식년, 희년은 모두 출애굽 경험에 근거를 두고 있다. 이스라엘 경제는 모두를 위한 풍요로운 경제를 지향하며, 빈부 차이가 극심한 바로 경제를 거부한다. 만나 경제는 "많이 거둔 자도 남지 않고 적게 거둔 자도 모자라지 않는 경제"(출 16, 18장)를 지향한다. 희년 경제는 정의를 결여한 종교가 거짓 종교임을 알려 준다. 이스라엘 왕국의 멸망과 바벨론 포로기는 하나님과의 계약에 충실하지 못했기 때문이었다. '오병이어의 기적'은 만나 경제의 실현이요, 주의 기도 역시 안식일 경제, 희년 영성으로의 부르심이다. 사도행전의 성령강림은 특별한 개인들의 영적 체험이 아니라 희년의 성취요, 하나님의 통치의 체험이다.[15] 성서의 하나님 나라 비전을 경제정책에 반영하도록 노력해야 한다. 세계교회는 이러한 활동을 지난 90년대 후반부터 최근까지 지속적으로 전개하고 있다.[16]

### 3) 선교 주체

현재 부산지역 이주민 선교는 주로 선교단체나 기독교 NGO에 의존하

---

15) Ross Kinsler and Gloria Kinsler, *The Biblical Jubilee and the Struggle for Life : An Invitation to personal, ecclesial, and social transformation* (Maryknoll, New York : Orbis Books, 1999).
16) 황홍렬, "생명살리기운동과 생명선교," 부산장신대학교출판부, 「부산장신논총」 제7집(2007), pp. 241-246.

고 있다. 외국인 110만 명이 넘고, 이주민 선교가 세계선교와 역동적으로 연계되어야 할 21세기 세계선교 상황에서 부산지역 교회들은 좀더 적극적으로 이주민 선교/다문화가족선교에 참여해야 할 것이다. 노회별로 한 교회를 시범교회로 지정해서 이주민들과 함께하는 교회로 정책적으로 지원하는 것이 바람직하다. 또 교단별 선교협력을 통해 부산의 동서남북 각각 하나의 이주민선교센터를 운영할 수 있다. 이주노동자 선교와 달리 이주민들은 한국사회에 처음부터 정착을 목적으로 입국했기 때문에 교회 정착도 훨씬 더 수월하고 한국교회 자체에도 긍정적인 기여를 하게 될 것이다.

### 4) 선교 내용

다문화가족 선교는 신자유주의적 지구화/지구자본주의의 부정적 충격을 최소화하는 방식으로 결혼이주여성을 포함한 이주민들을 섬겨야 한다.[17] 뿌리 뽑힌 사람들의 생존권을 강력하게 지지하며, 공동체가 이주민들을 환영하도록 해야 하며, 인권과 삶의 질의 개선을 위해 노력해야 한다. 이때 그리스도인들이나 교회는 자신과 다른 것, 익숙하지 않은 것을 배제시키려는 문화적 상황 속에서 하나님의 사랑으로 이질적이거나 낯선 것들을 수용하고 언어, 문화, 가치관, 피부색 등이 다른 사람들과 대화를 할 줄 알아야 한다.

다문화가족 선교는 가부장제를 극복하는 가정이 되도록 지원할 뿐 아니라 문화 차이가 있는 부부 사이에 새로운 가정을 세우는 일을 위해 노력해야 한다. 교회에 나오는 부부들에게는 신앙교육을 통해 문화적 차이 속에서 부부가 서로 의사소통하는 방식을 배우도록 해야 한다. 또 이중적 정체성이라는 시각을 성서연구에 도입하여 자신의 정체성을 바르게 성서적으로 이해하는 길을 열어 줘야 한다. 자녀교육은 부모가 사는 모습을 보면서 배우게 된다. 문화 차이가 있는 부모가 의사소통하는 것을 어려서

---

17) Christopher Duraisingh(ed.), *Called to One Hope : The Gospel in Diverse Cultures*(Geneva : WCC Publications, 1998), p. 28.

부터 보고 배운다면 이보다 더 좋은 문화 간 교육이 있을 수 없을 것이다. 그런데 대부분의 가정은 부부중심의 가족이 아니라 자녀중심의 가족형태를 지향하고 있다. 부부가 행복한 가정이라야 자녀들도 행복한 것을 볼 때 부모의 희생에 근거한 가정보다는 부부가 행복함으로써 자녀가 생활 속에서 행복을 체득하게 하는 것이 바람직하지 않은가를 성찰하도록 해야 할 것이다. 이를 위해 가족 캠프나 부모교육을 통해 바람직한 가정의 모습을 나누고 제시하는 일을 해야 할 것이다.

다문화가족 선교는 이제까지 다루지 못하는 새로운 영역들을 개발해야 한다. 교회와 기독교시민사회단체는 한글교육이나 한국문화에 대한 교육뿐 아니라 자녀교육을 지원하는 길을 모색해야 한다. 대부분의 기독교시민사회단체와 교회의 교육은 한글 배우기나 한국문화 배우기 등 일방적으로 한국문화를 배우는 프로그램을 진행하고 있다. 여기서 나아가서 이중문화를 유지하고 남편과 자녀들에게 나누는 길을 모색하도록 돕는 프로그램 개발이 절실하다. 교회와 기독교시민사회단체들은 종교 간 갈등을 예방하고 종교들이 평화를 위해 협력하는 길을 준비해야 한다. 한국 남성과 외국인 여성으로 이뤄진 다문화가족의 경우 결혼이주여성에 대한 다양한 교육프로그램이 제시되고 있지만 남편들을 위한 교육과정이 거의 없다. 강서구 YWCA는 남편교육 프로그램을 한 번 진행했다. 교회나 기독교시민사회단체가 남편들을 위한 교육이나 신앙프로그램을 제공한다면 다문화부부 사이에 의사소통뿐 아니라 가정생활이 훨씬 더 풍요로워질 것이다.

5) 교인교육

교회는 다문화가족에 대한 편견이나 선입견을 극복하는 교인교육을 해야 한다. 이주민 선교에 참여하는 자들은 이주민들이 자신들의 '비참과 고난'을 통해 자신의 '역사의 기억과 문화'를 함께 우리나라에 가져옴으로써 문화적 '다양성의 씨앗'이 우리 사회에 널리 뿌려지게 된 점을 인식해야 한다. 그들은 고국에서는 잊혀진 존재이고, 새로 정착한 우리 사회에서는 차별과 억압을 받기도 하지만, 이 두 사회의 문화 사이에 다리를 만들고, 두 민족과 두 문화 사이에 만남의 장소를 만드는 역할을 할 수 있다.[18] 따라서 다문화가정 선교의 과제의 하나는 그들이 지닌 문화 가운데 대안적 공동체에 기여할 수 있는 긍정적 요소들을 식별하여 강화하고, 부정적 요소들을 극복하는 것이다. 그리고 지역사회에 그러한 편견을 극복하는 시민교육의 장을 만들도록 하는 것이 바람직하다.

## 7. 이주민 선교신학을 정립하기 위한 성찰들

### 1) 주요 쟁점을 통한 이주민 이해

**(1) 이주민 발생이 전 지구적 원인에서 비롯된 희생자인가? 행위자인가?**

신자유주의적 지구화(세계화)/지구자본주의[19]가 전 지구적 차원에서 이주민의 발생을 강요하고, 국가적으로는 자본의 수출이 수입보다 많을 때 노동력의 수입이 일어난다. 문제는 이러한 전 지구적, 국가적 구조 안에서 결정된 이러한 이주의 흐름 속에서 한 여성이 개인의 자유를 지닌 행위자가 될 수 있는가 하는 점이다.

결혼이주여성들은 여러 가지 측면에서 제약을 받기 때문에 희생자인 측면도 있지만, 희생자이면서도 자신의 행위를 부단히 새롭게 결정하고 대응해 나가는 행위자라고 보아야 한다. 이러한 주장은 결혼이주여성들이 일반적으로 겪는 경제적 가난, 자녀양육의 곤란으로 이어지는 의사소통의 문제, 자신감의 결여와 소외감, 불안감 등 다중적 어려움[20]을 부인하는 것은 아니다. 그러한 다중적 어려움 속에서 희생자이면서도 행위자의 여지가 많다는 것을 위의 일부 사례들은 보여 주고 있다. 즉, 그들은

---

18) Oh Jae Shik, "People are on the Move : The Asian Churches' Response in Historical Context" in CCA, WCC, *Uprooted People in Asia*(Hong Kong : CCA, 1995), p. 51.
19) 황홍렬, "생명살리기운동과 생명선교," 「부산장신논총」(2007년 7집), pp. 224-230.
20) 오현선, "한국사회 여성이주민의 삶의 자리와 기독교교육적 응답," 오경석 외 지음, 「한국에서의 다문화주의 : 현실과 쟁점」(서울 : 한울아카데미, 2007), p. 246.

가정살림뿐만 아니라 한국경제에도 기여할 뿐 아니라 자국의 문화를 한국사회에 소개하여 우리 사회의 문화적 다양성을 증진시킬 행위자로도 볼 수 있다. 결혼이주여성을 단순히 희생자나 행위자로만 보는 구분의 경계가 허물어지고 있음에 주목해야 한다.[21] 이러한 국제결혼에서 성과 계급은 국가 위계 속에서 작동한다.[22] 여기에서 딜레마적 상황이 나타난다. "대개는 비자발적으로 직면하게 되는 상황의 변화 속에서 외부인의 시선에는 선택으로 간주되는 행동을 하지만, 선택의 상황은 대안이 거의 없는 딜레마적 상황이기 일쑤이며, 이에 어떤 식으로든 상황을 변화시키려는 시도를 해 보지만 또다른 딜레마에 봉착하는 것으로 이어진다."[23] 따라서 행위자로서의 결혼이주여성의 행동이나 선택은 이러한 한계 안에서 작동한다고 보아야 한다. 결혼이주여성들의 자기 체험사를 통해 이들이 자기 정체성을 확립하는 계기가 일자리나 봉사활동, 자녀를 낳고 어머니 되기, 종교의 힘 등을 통해 시어머니와의 갈등을 극복한다는 주장[24]은 이러한 한계를 받아들일 때 의의가 있다고 해야 한다.

(2) 아내인가? 노동자인가?

국제 이주에 대한 문헌에서 가족의 이주는 결혼이주보다는 부차적인 현상으로 취급되어 왔는데 이는 여성이 이주에 있어서 남성에게 의존적인 존재로 여겼기 때문이다. 그러나 지구화 현상과 이주의 다양화로 인해 이러한 인식은 유지되기 어려워졌다. 지구화 시대 이주와 결혼과 노동의 밀접한 관계가 드러나기 시작한 노동의 이런 점은 전통적인 이주연구에서 간과된 부분이었다. 최근의 연구 동향은 이주노동자로서의 여성과 결

---

21) Nicola Piper & Mina Roces (eds.), *Wife or Worker? : Asian Women and Migration*(Lanham, Boulder, New York, Oxford : Rowman & Littlefield Publishers, 2003), pp. 9-10.
22) 김민정, 유명기, 이혜경, 정기선, "국제결혼이주여성의 딜레마와 선택 : 베트남과 필리핀 아내의 사례를 중심으로," 「한국문화인류학」 39-1(2006), pp. 167-171.
23) 위의 글, p. 186.
24) 김대숙, "결혼이주여성의 자기체험서사에 관한 연구," 「국어국문학」 제149호 (2008년 9월), pp. 280-285.

혼이주여성 사이의 범주를 엄격하게 구분하는 것을 문제시하며, 여성을 '신부'와 '노동자'로 제한해 보는 것을 넘어서 '엄마'와 '시민'으로 보려 한다. 즉, 결혼이주여성도 엄마가 되고, 노동자가 되고, 시민이 되고, 문화적 매개자가 된다. 이러한 인식을 방해하는 것이 여성은 가사에 전념해야 한다는 가부장적 고정관념이다.[25]

### (3) 일방적 부부관계인가 대등한 부부관계인가? : 아내의 응시

호미 바바는 「문화의 위치」에서 식민지적 담론에서 권력자는 타자를 자신에게 예속시키기 위해 자기 도식으로 타자를 동일화시켜 타자를 대체하려 하지만(정형화) 어둠의 그림자(실재계의 그림자)가 따라오면서 정형화는 실패한다고 했다. 즉, "시각적 충동의 객관화에는 항상 시선을 위협하는 되돌아옴이 존재한다.", "……대체와 고착화의 형식에는 항상 결핍과 부재의 흔적이 존재한다." 그러므로 식민지적 상황에서 타자에 대한 정형화는 실패할 수밖에 없다. 따라서 식민지 권력자는 식민지적 환상을 갖고 이를 극복하려 한다. 그렇지만 이러한 환상은 타자로부터 오는 '어둠의 그림자', 즉 타자에 부딪쳐 되돌아오는 응시 속에서 분열된다.[26] 이러한 응시를 결혼이주여성들에게서 찾을 수 있다.

남편이 아내에게 "남편은 하늘이고 여자는 땅이다."라고 말하자 아내는 "당신은 하늘에서 살아라."고 응답했다(김수정). 이 여성은 처음에는 한국 남자들이 모두 그렇게 생각하는 줄 알았는데 살다보니 경상도 남자들이 그런 경향이 강하다는 것을 알게 되었다고 했다. 남편이 아내를 한국문화담론을 통해 아내를 가부장적으로 지배하려 했지만 아내는 한국사회 남성문화의 틈새를 알아내고, 남편이 자기를 지배하려는 논리와 대결하여 자기주장(응시)을 펼침으로써 아내의 태도를 가부장제로 대체하려는 시도가 어둠의 그림자(아내의 대응논리)에 의해 좌절되었다. 따라서

---

25) Nicola Piper & Mina Roces (eds.), op. cit., Foreword, ix, 1-5.
26) 호미 바바 저, 나병철 옮김, 「문화의 위치 : 탈식민주의 문화이론」(서울 : 소명출판, 2003), pp. 172-176. 제3장을 참조하시오.

부부관계가 처음에는 일방적 관계로 시작하지만 결혼생활이 진전되면서 여러 가지 계기로 부부 사이에 대등해지거나 아내에게 권력이 넘어가는 것이 위의 사례들에서 보인다.

(4) 이주민 : 국가 없음 - 국가의 보호 밖에 있는 사람들

세계화의 도래가 국민국가의 약화나 쇠퇴를 초래했다고 보는 것이 일반적 관점이지만 한나 아렌트는 민족국가 자체에 결점들이 많음을 지적한다. 그 결점 중의 하나는 "민족국가가 자신의 존재와 적법성을 내부의 민족적 소수집단을 지속적으로 추방하고 그들의 권리를 박탈하는 것에 의존하는 정치적 구성체"[27]라는 점이다. 바꿔 말하면 이러한 소수자들에게는 자신의 생존권을 지켜줄 어떠한 국가도 존재하지 않음을 의미한다. 그래서 아렌트는 '삶의 터전을 가질 권리'(rights to a home)와 '권리를 가질 권리'(right to rights)로 구분했다.[28] 소수자들, 이주민들, 특히 미등록 이주민들에게는 '권리를 가질 권리'가 중요하다. 여기서 후자의 권리(rights)는 어떤 정부나 사회조직에 근거한 것이 아니다. 일종의 '자유의 실행으로써의 선언행위'를 '행사함으로써 존재'한다.

예를 들어 미국에서 히스패닉계 미등록 이주노동자들이 미국 국가를 스페인어로 거리 시위에서 부를 때 "집회의 자유를 얻지 못한 자들이 자유롭게 모이는 모순의 장소"에서 이러한 권리가 창조적으로 주창되고 있는 것이 아닌가 하고 스피박과 버틀러는 분석한다.[29] 스피박의 대안은 국가의 보호를 받지 못하는 이주민들을 위해 또 하나의 국가를 재발명하자는 것이다. 이것의 의미는 '성찰 없이 자본주의 국가의 일원이 되'자는 것이 아니라 '고삐 풀린 자본주의에 반대하자는 뜻'이다. '국가의 재발명은 민족국가를 넘어서' '전 지구적 자본주의와 투쟁하는 비판적 지역주의로' 진행해야 한다. 왜냐하면 현재의 신자유주의적 지구자본주의는 '재분배

---

27) 주디스 버틀러, 가야트리 스피박의 대담, 주해연 옮김, 「누가 민족국가를 노래하는가」(서울 : 산책자, 2008), p. 38.
28) Ibid., pp. 50-51.
29) Ibid., pp. 62-63.

와 복지, 헌법주의라는 구조가 국가 안에서 소멸되'는 '국가 없음'의 상태를 보여 주기 때문이다.[30]

관 주도의 다문화주의는 이름만 다문화주의이지 실제로는 '저출산 고령화사회'에 대한 대비책이다. 그래서 국가는 정책적으로 농촌이나 도시 주변의 남성들이 결혼하면 지원할 다양한 정책을 개발하고 있지만, 외국인이주노동자 남성과 결혼하는 한국 여성으로 이뤄진 다문화가정에 대해서는 전혀 지원 대책을 마련하지 않고 있다. 여기에 언론도 공모하고 있다. 바꿔 말하면 관 주도의 다문화주의를 시행하는 한국 정부에서 외국인 여성과 결혼한 한국 남성은 국민이지만, 외국인이주노동자 남성과 결혼하는 한국 여성은 국민이 아닌 셈이다. 이것은 동일한 여성으로서 한국 국적을 지녔음에도 불구하고 외국 남성과 결혼했기 때문에 현재의 국적이 무시되는 반면에, 국적을 아직 취득하지 못했지만 한국 남성과 결혼했기 때문에 '외국 여성'임에도 불구하고 각종 혜택을 누리게 되는 아이러니에 직면한다. 따라서 위에서 지적한 대로 민족국가는 생물학적, 자연적 생산물이 아니라 사회적 실재임이 밝혀진다. 한국 정부는 한국 남성을 외국여성과 결혼시켜 '대를 잇기' 위해 외국 남성과 결혼한 한국 여성들의 '시민권'을 부정한다. 한마디로 국가권력과 가부장제의 결탁이다.

### (5) 정체성 - 혼종성

결혼이주여성 가운데 자신의 정체성을 고국과 한국, 반반이라고 한 것은 어떤 의미일까? 이에 답하기 위해서는 먼저 슈트어트 홀이 문화적 정체성을 두 가지로 구분한 것을 참조하는 것이 필요하다. 첫째 문화적 정체성은 하나의 참된 집단적 실체를 지닌 문화적 정체성으로써 역사와 조상을 공유한 사람들이 지닌 것이다. 다른 문화적 정체성은 존재의 문제일 뿐 아니라 생성의 문제이다. 이러한 정체성은 어떤 과거의 본질적인 것들에 고착되어 있는 것이 아니라 역사와 문화와 권력에 의해 부단히 만들어지는 것이다. 여기서 정체성의 정치(politics of identity)가 불가피

---

30) Ibid., pp. 76-77, 87.

해진다.[31] 문화적 정체성이 고정불변의 실체가 아니라 역사와 문화와 권력에 의해 부단히 생성되고 변화되는 것이라면 지구화 시대 이주민의 정체성은 어떤 것들에 의해 영향을 받을까? 아르준 아파두라이는 현재의 전 지구적 경제에서 경제와 문화와 정치가 불연속적이라면서 지구경제를 이해하기 위해서는 인종의 흐름, 다양한 기술과 정보의 흐름, 재정의 흐름, 세상 이미지를 표상하는 미디어의 흐름, 국가 이데올로기의 흐름 등을 살펴보아야 한다고 했다.[32]

신자유주의적 지구화 시대에 이주민들은 자신의 정체성이 고국의 문화와 역사뿐 아니라 결혼해서 사는 국가의 문화와 역사, 그리고 국가권력의 영향을 받는다. '반반'이라는 표현은 어느 한 국가의 문화와 역사만을 전적으로 선택하기 어렵다는 점을 표현한다. 그리고 이주민들은 새로운 기술과 미디어뿐 아니라 국가 이데올로기의 영향을 받는다. 따라서 '반반'의 표현은 그와 같은 새로운 문화나 국가의 장점을 인정하면서도 고국에서 지녔던 문화나 국가의 장점을 전적으로 부정할 수 없다는 점을 표현한다고 볼 수 있다. 이렇게 혼종적인 정체성을 지닌 사람들을 어떻게 이해해야 하는가?

탁월한 아시안 아메리칸 신학자 이정용은 주변성의 신학을 제시했다.[33] 이러한 주변성의 논리는 이주민의 실존적 삶의 자리에 잘 어울린다. 두 나라의 정체성에 동시에 속하는 듯하면서도 양쪽으로부터 소외되고 그래서 양쪽으로부터 긍정과 부정을 동시에 경험하면서, 양쪽으로부터 초월을 요청받는다. 이러한 긴장을 유지하기 어렵기 때문에 사람들은 동화를 원하는지 모른다. 그렇지만 자신의 정체성을 '반반'이라고 한 여성

---

31) Stuart Hall, "Cultural Identity and Diaspora," in Patrick Williams & Luara Chrisman (eds.), *Colonial Discourse and Post-colonial Theory : A Reader* (New York, London : Harvester Wheatsheaf, 1994), pp. 392-395.
32) Arjun Appadurai, "Disjunctive and Difference in the Global Cultural Economy," in *Colonial Discourse and Post-colonial Theory : A Reader*, pp. 328-331.
33) Jung Young Lee, *Marginality : The Key to Multicultural Theology*(Minneapolis : Fortress Press, 1995).

들의 자리는 신학적으로 보면 두 문화적 정체성 사이에 다리를 놓을 수 있는 문화적 매개자의 자리에 있다. 이러한 역할을 잘 감당하도록 격려하는 것이 다문화가정 선교의 중요한 역할이 되어야 할 것이다. 아울러 이러한 매개자의 자리로부터 선교공동체는 이중적 정체성, 혼종성을 지닌 선교사의 정체성을 배우도록 해야 할 것이다.

(6) 한국인의 편견, 선입견 : 서구중심주의와 인종차별

한국인들은 외모와 피부색에 따라 어린이들로부터 장년, 할머니들에 이르기까지 차별을 하고 있음을 위에서 보았다. 이웃집 할머니든지 시장에서 만나는 할머니나 동네나 어린이집이나 학교에서 만나는 어린이들에 이르기까지, 심지어는 남편의 친구들까지 돈 때문에 시집왔다고 얘기하는 것을 들으면 결혼이주여성들이 괴롭다고 했다. 그들은 가난한 나라에서 왔으면 생각하고, 느끼고, 분노할 줄 모르는 인간이 아니냐고 항변한다. 이러한 편견이나 선입관은 어디서 오는 것일까? 파농이 「검은 피부, 하얀 가면」에서 언급하는 것처럼, '노란 피부, 하얀 가면'을 쓴 오늘 우리의 모습에서 '하얀 가면'을 벗어야 한다. '우리 안의 서구중심주의'에 대해 깊이 반성해야 한다. 이것을 위해서 박노자는 우선 '서구의 자유'가 소비주의와 근대국가와 시장의 규율을 탈피할 자유를 의미하지 않는다고 했으며, 국가가 사회적 폭력을 독점하는 만큼 위험하고 몰도덕적인 점을 인식해야 하며, 근대 패러다임 속의 대립적인 이분법들—반동과 혁명—도 상대화되어야 하며, 서구를 '중심'으로 보는 '하얀 가면'을 벗을 때 우리 자신의 진정한 자아를 발견할 수 있다고 했다.[34]

2) 이주민(다문화가족/결혼이주여성)에 대한 신학적 성찰

(1) 보이지 않던 존재로서의 이주민

---

34) 박노자, 「하얀 가면의 제국 : 오리엔탈리즘, 서구 중심의 역사를 넘어」(서울 : 한겨레출판사, 2006), pp. 20-25.

이주민 문제는 사회를 양극화시키거나 우리 사회를 풍성하게 할 잠재력을 지녔다.[35] 그렇지만 미국뿐 아니라 대부분의 국가에서 이주민들은 사회에 긍정적 이미지보다는 부정적 이미지로 더 많이 부각되어 있다. 그 이유는 주류 사회에 사는 사람들의 눈에서 인종차별적 민족주의라는 비늘이 떨어지지 않았기 때문이다. 즉, 미국사회에서 흑백갈등만 인식되었지 히스패닉은 보이지 않는 존재들이었다. 레치노스는 인종차별적 민족주의의 네 가지 전제를 다음과 같이 지적한다. 첫째, 유럽 출신 미국인들은 라틴아메리카, 아시아, 아프리카 출신 사람들은 인종적으로 문화적으로 열등하다고 본다. 둘째, 이러한 '열등인종들'은 지배적인 백인문화에 동화될 수 없을 것이다. 셋째, 이러한 '열등인종들'에 속한 사람들이 미국에서 태어난 미국인들의 직업을 빼앗아 가는 데 책임이 있다고 생각한다. 넷째, 이 바람직하지 않은 그룹들이 미국의 복지체계와 교육체계를 압박하고 언젠가는 지배문화를 정치적으로 위협할 것이라는 믿음을 지니고 있다.[36] 이민국가라는 미국, 특히 기독교 국가라는 측면에서 볼 때 선민과 약속의 땅으로부터 가장 기대되지 않는 것이 바로 인종적 계층화이다. 인종적 계층은 맨 위에 백인 엘리트, 다음에 백인 중산층계급, 그 다음에 백인 하층계급과 뮬라토(mulatto)와 메스티조(mestizo) 중산계급과 하층계급, 바닥에 흑인과 인디언 하층계급으로 구성되어 있다.[37]

보이지 않던 존재들인 이주민들이 보이는 존재로 부각된 것은 인구 성장과 기독교에서는 히스패닉 교회의 성장에 기인한다. 현재 미국 인구 중 히스패닉과 아시안 아메리칸을 합치면 15% 정도이다. 2025년에는 4분의 1을 차지하고, 2050년에는 3분의 1을 차지할 것으로 전망하고 있다. 더욱

---

35) Samuel Rodríguez, *Foreword*, in M. Daniel Carroll R., *Christians at the Border : Immigration, the Church, and the Bible*(Grand Rapids : Baker Academic, 2008), p. 11.
36) Harold J. Recinos, *Good News from the Barrio : Prophetic Witness for the Church*(Louisville : Westminster John Knox Press, 2006), pp. 6-7.
37) Fernando F. Segovia, "Introduction : Aliens in the Promised Land," in Ada María Isasi-Díaz & Fernando F. Segovia (eds.), *Hispanic/Latino Theology : Challenge and Promise*(Minneapolis : Fortress Press, 1996), p. 11.

중요한 것은 개신교와 로마가톨릭교회 모두 히스패닉 교회들의 성장 전망이다.[38] 유럽교회에서도 이주민교회들의 성장은 서유럽 기독교의 재부흥 전망을 밝게 해 주고 있다. 실제로 런던은 세계에서 가장 덜 종교적 도시 중 하나였지만 아프리카 출신들과 캐리비안들이 모이는 교회가 증가하면서 도시가 복음화되고 있으며, 영국이 유럽의 이주민 교회들의 주요 네트워크의 중심지이다.[39] 이는 21세기 기독교는 제3세계에 뿌리를 두고 있으며, 기독교의 미래가 남반부에 달렸다는 젠킨스 자신의 명제에 부합된다.[40]

### (2) 이주민의 신학적 중요성

히스패닉 – 미국인(Hispanic – American)처럼 하이픈으로 이어진 사람들의 삶은 기쁨과 슬픔, 좌절과 자기발견, 과거에 대한 감사와 미래에 대한 기대 사이의 순례의 삶이다. 각 사람들의 문화적, 인종적 혼합은 약점뿐 아니라 독특한 선물을 준다. 그러나 이러한 혼합이 초래한 변형은 양자 모두에게 유익이 된다.[41] 실제로 이주민 교회는 미국 교회에게 새로운 맥박이 되었다. 그렇지만 이 새로운 맥박은 미국 교회를 갈색으로 변형시키고 있다.[42]

이주민에 대한 부정적 이해가 지배적이었기 때문에 이주민 선교에 주목하지 못했던 점도 있지만 동일성 원리도 이주민 선교의 중요한 장애물의 하나였다. 미국사회는 명백하게 다문화사회이지만 선교는 인종적, 문화적, 언어적 다양성을 회피하는 '동일성 원리'에 기초해 진행되는 것이 바람직하다고 생각해 왔다. 동일성 원리는 그리스도 안에서 초대교회가

---

38) M. Daniel Carroll R., *Christians at the Border : Immigration, the Church, and the Bible*(Grand Rapids : Baker Academic : 2008), p. 20.
39) Philp Jenkins, *The Next Christendom : The Coming of Global Christianity*, revised and expanded edition(New York : Oxford University Press, 2007), pp. 113-114.
40) Philp Jenkins, *The Next Christendom, preface*, xi.
41) Philp Jenkins, *The Next Christendom*, p. 47.
42) Philp Jenkins, *The Next Christendom*, pp. 56-60.

타 문화권 사람들과 소통하고, 복음을 전하는 데 방해되는 장애물을 어떻게 극복했는가를 간과하고 있다. 선교 대위임령은 차이점을 근절하거나 회피하라는 명령이 아니다. 초대기독교운동은 인종적, 언어적으로 다양한 그룹들을 포용했다.[43]

이주는 개인적으로는 다른 문화권에서 사는 불편함, 때로는 법적 보호를 받지 못함이라는 어려운 조건을 초래하지만, 신학적으로 볼 때 창조적 공간이 될 수 있다. 즉, "친숙한 것으로부터 멀어짐은 하나님, 인생, 역사의 방향, 희망의 본질에 대해 생각하는 창조적 공간이 될 수 있다."[44] 선교공동체로서의 교회는 이주민들로부터 많은 것을 배울 수 있다. 선교가 문화적, 인종적, 언어적 경계를 넘어서서 복음을 소통하는 것이라면 경계에 선 존재로서의 이주민은 존재 자체가 선교적이라 할 수 있다. 따라서 기독교 선교는 이주민으로부터 선교에 대해 많은 것을 배우도록 해야 한다. 문화 간 신학(intercultural theology)을 정립하기 위해서도 신학은 이주민으로부터 배워야 한다. 왜냐하면 이주민들은 '문화 간 만남에서 특권적 지위'를 지니고 있기 때문이다.[45]

이주민에 대한 부정적 이미지를 극복할 뿐 아니라 두 문화, 두 인종, 두 언어집단 사이에 선 이주민 존재 자체가 하나님과 자신, 세계를 새롭게 이해할 수 있는 창조적 공간이 될 수 있다면 그들은 단지 기존 교회의 새로운 맥박일 뿐 아니라 그 기독교를 변형시킬 수 있는 주체들이 될 수 있다. 미국 교회를 갈색화시키는 히스패닉 기독교인들의 사명은 단지 인종적 영향이 아니라 미국문화를 복음화할 사명이 있다. 인종적 동등함을 반대하고 경제적 불의의 수호자 하나님의 이미지를 지닌 미국 지배문화를 따르는 교회들에 반해서 스페인 구역의 가난한 그리스도인들은 부, 권력, 명예의 유혹으로부터 벗어나 십자가의 참된 기초를 알 필요가 있는 주류교회들에게 예언자적 상상력을 회복시키는 역할을 감당해야 한다.[46]

---

43) Harold J. Recinos, *Good News from the Barrio*, p. 90.
44) Ibid., p. 87.
45) Peter C. Phan, *Christianity with an Asian Face : Asian American Theology in the Making*(Maryknoll, New York : Orbis Books, 2003), p. 10.

### (3) 이주민 신학방법론

피터 팬은 문화 간 다문화신학의 해석학으로써 의심의 해석학, 회복, 그리고 재건의 해석학을 제시하고 있다.[47] 문화 간 다문화신학의 출발점을 이주민과 같은 소수자 연구에 두고 있다. 기독교 소수자 담론은 지배문화와 소수문화 사이의 비대칭적 관계와 그런 관계 속에서 작용하는 권력의 힘들을 폭로시키는 의심의 해석학으로부터 시작되어야 한다. 세고비아가 말한 것처럼 서로 얽힌 적응과 갈등, 이미 존재하고 확대되는 혼종성, 비열한 행동을 포함하는 이런 이야기 속에서 이주민들의 성공담은 지배사회에서 억압, 편견, 차별, 착취와 주변화의 맥락에서 설정되어야 한다. 이주민들 경험의 이러한 양면들은 서로를 보완하고 조명하도록 해야 한다. 다음 단계는 이주민들이 살아온 역사의 이면을 회복하는 것이다. 이러한 회복은 생존과 존엄성을 위한 고단한 투쟁의 이야기, 가난, 소수자, 여성이라는 삼중적 차별을 겪는 이주여성들의 이야기, 자기의심과 절망 속에서 하나님에 대한 믿음이 어떻게 그들을 격려하고 지탱했는가에 대한 희망의 이야기, 이주민들 사이에 이룬 연대의 이야기, 이주민들의 상호의심과 질투의 이야기들로 구성된다. 마지막으로 재건의 해석학이 있다. 재건의 해석학은 이주민의 문화자료와 지배문화의 문화자료로부터 새로운 제3의 문화를 만드는 것을 목적으로 한다.

## 8. 나가는 말

이제까지 부산지역 결혼이주여성/다문화가족의 현황과 그 선교 현황을 부산지역의 4개 교회나 기관들을 통해 살펴보았다. 여기서 얻은 중요한 연구 결과는 첫째, 부산지역에서도 이주노동자들 사이에 이뤄진 다문화가족보다는 한국 남성과 외국 여성 사이에 이뤄진 다문화가족이 다수를 차지한다는 점이다. 둘째, 학계와 언론에 비친 인권을 유린당하는 모

---

46) Harold J. Recinos, op. cit., pp. 7-9.
47) Peter C. Phan, op. cit., pp. 16-18.

습만 부각되는 것과는 달리 다문화가족의 일상성의 회복을 볼 수 있었다. 셋째, 기독교 신앙이 다문화가족의 부부 갈등 해소나 한국문화 적응에 도움을 줄 수 있다는 점이다. 넷째, '매매혼'에 가까운 결혼으로 시작했지만 현재의 결혼생활은 '중매혼'과 비슷한 결과를 보이며, 우리 사회의 도시 빈민들이 겪는 일반적 아픔을 공유하되 문화적 차이에서 오는 고통이 첨가된 것을 알 수 있다. 다섯째, 한국 여성과 외국인 남성으로 이뤄진 다문화가족이 받는 역차별에 주목하고 지원해야 할 때이다.

결혼이주여성/다문화가족 선교의 과제로는 그들을 사랑으로 돌봄, 문화 차이 극복을 통한 가정의 회복과 세움, 결혼이주여성/다문화가족에 적합한 예배공동체와 성서교재 개발, 다문화가족 자녀들에 대한 기독교교육 지원, 다문화가족의 정체성에 주목하는 선교신학적 틀 제공, 교인들과 시민들에 대한 다문화사회와 다문화가족에 대한 교육, 종교 간 만남과 교제를 통한 갈등예방 등이다.

# 한국 이주노동자와 소수자를 위한 주변부 신학

| 김은혜 교수(장로회신학대학교, 기독교와 문화)

## 1. 서론

지구화(Globalization)는 우리에게 시간과 공간에 대한 질적인 변화를 가져다주었다. 기술문명과 정보체계의 혁명은 세계를 하나로 연결하여 지구 맞은편에 있는 다양한 삶의 방식에 대한 우리의 이해를 확장시켰다. 우리와 다른 다양한 가치체계와 문화양식들이 공존하고 있음을 인식하게 되었다. 이러한 차이에 대한 새로운 발견과 다양한 경험들은 우리 사회로 하여금 자기중심적 세계관에 대한 반성과 동일한 문화권의 인식의 한계를 동시에 성찰할 수 있는 기회를 제공하였다. 최근 한국사회도 인종적으로 그리고 문화적으로 다른 사람들을 일상적으로 만나며 살아가고 있다. 이제는 더 이상 순수 혈통과 단일문화에 기초한 동질성만으로 한국사회의 특징과 현실을 설명하기 어렵다.

또한 지구화(globalization)의 사회문화적 변동은 서로 다른 인종과 문화 속에서 살아온 사람들에 대한 바른 자세와 그들의 다양한 가치와 차이에 대한 바른 이해를 요구한다. 오랫동안 서구의 문화는 그 스스로를 세계의 다양한 문화들 가운데 앞서가는, 때론 월등한 위치로 가정하여 왔으나 그것은 작금에 와서 '다름'(difference)의 새로운 의미와 함께 '타자'를 존중해야 하는 근본적 상대성을 현실 속에서 경험하며 심각한 도전을 받아 왔다. 더욱이 지구화(globalization)의 세계현실은 서로 다른 인종과 언어와 문화의 사람들과의 적극적인 만남을 의미하며, 그것은 우리에게 타자와 차이에 대한 새로운 이해를 새롭게 요구한다. 이러한 지구적으로 새롭게 나타나는 다문화적이고 다인종적인 사회현상은 최근의 한국사회 안에서도 단일민족과 혈통에 근거한 문화순수성[1]을 기초한 배타적 태도에 대한 비판이 제기되면서 이주노동자와 다문화가정에 대한 관심이 증가하고 있다.

근대 이후 다원적 사회 안에서의 인간의 문제와 억압의 상황은 계급과 성의 차별을 넘어 인종과 문화에 대한 잘못된 이해로 인해 더 복잡한 양상을 띤다. 최근 한국사회에 나타나는 중요한 이슈 중에 이주노동자와 외국인 근로자들에 대한 차별적 태도는 인권의 유린과 노동의 착취와 맞물리면서 우리 사회의 또다른 사회적 문제를 야기시켰다. 서구 백인 외국인들과는 차별되게 동남아 근로자에 대한 그 가운데서도 여성에 대한 차별은 가장 열악한 노동의 조건과 삶의 상황 속에서 극대화되고 있다. 우리

---

1) 최근의 문화인류학과 문화학에서는 고정된 개념으로써의 전통적 문화개념을 비판하면서 문화의 개념은 유동적이고 역동적 개념이라고 정의한다. 따라서 전통적 인류학에서의 문화의 순수성(Purity)에 대한 논의는 기본적으로 문화형성의 과정에 대한 성찰을 통해 비판되면서 오히려 문화를 서로 근접한 문화와의 상호 영향을 끊임없이 주고받으며 혼합되어지는 실체로 인식하고 있다. 정적이고, 일관되고, 고정적인 문화의 개념은 근대의 유산으로 다양한 학문 분야에서 재해석을 시도하고 있다. 더욱이 이 순수성에 기초한 동질성과 단일성과 같은 개념은 후기 현대주의자들에 의해 다양한 비판을 받으면서 이러한 개념들의 일방적 강조는 서로 다른 문화와 인종들이 평화롭게 상호 존재하는 길에 많은 어려움과 갈등을 불러일으킨다고 지적되고 있다.

사회의 새로운 타자로 떠오르는 이주노동자, 다문화가족 등 이 시대 소수자들에 대한 새로운 신학함이 필요하다는 의미이다. 어떠한 신학도 의도적이든 혹 의도하지 않든 불의와 비인간화의 상황을 수용하거나 인정할 경우 그 신학은 어떠한 기독교의 진리도 보장할 수 없다. 복음적 관점에서 외국인 노동자들과 다문화가정 그리고 소수자들에 대한 신학을 건설하기 위하여 해석학적 패러다임과 기독교적 신앙의 본질에 대한 재조명이 절실히 요구된다. 즉, 한국사회 안에서 새로운 현상으로 떠오르는 문화적 인종적 다원화는 근본적으로 새로운 신학을 요구한다.

## 2. 한국 이주노동자와 한국사회의 인종주의

최근 한국사회에 나타나는 중요한 이슈 중에 하나는 한국 사람들의 이주노동자와 외국인 근로자들에 대한 차별적 태도이다. 이주노동자는 국적을 가진 나라를 떠나 다른 나라에서 일하는 노동자를 말한다. 세계화의 변화에 따라 이주노동자들이 꾸준히 증가하는 추세이다. 세계적으로도 지난 20년간 해마다 1천만 명의 사람들이 고향 땅을 떠났다. 국제이주기구에 따르면 현재 2억 명 정도가 이주노동을 하고 있다. 그러나 불법체류자로 명명되는 이주노동자들을 합하면 실제 이주노동자의 인구는 그보다 많다고 보아야 할 것이다.[2] 이주노동자에 대한 한국 정부의 정책도 많이 변화했다. 1991년에는 산업연수생제도, 2004에는 고용허가제를 도입했다. 고용허가제가 실시되면 외국인 노동자의 대부분이 노동3권을 가진 합법적인 '근로자'로 바뀐다면 새로운 외국인 노동의 시대가 될 것이다.

지난 십여 년 동안 외국인 노동자들이 '세계자본주의' 체제와 한국 정부주의 외국인인력제도라는 구조적 조건에서도 자신의 몸을 희생하며 고용허가제 법률안을 국회에 통과시켰다. 그러나 이러한 제도상의 변화에도 불구하고 이주노동자들은 폭력과 탄압에 노출되어 저임금과 과잉노동

---

2) 부커진 R, *Politics of minority*, 「소수성의 정치학」(서울 : 그린비 출판사, 2007), p. 125.

을 감당해야 한다. 케빈 그레이는 한국의 이주노동자의 현실을 설명하면서 이들은 '계급 이하의 계급', '노동자가 아닌 노동력'일 뿐이라고 지적한다.[3] 이러한 이주노동자는 이주할 수 없는 이주노동자이며, 특별히 미등록 이주노동자의 현실은 더욱 열악하다. 더욱이 근대를 규정하는 자본주의는 경쟁과 적자생존을 원칙으로 하는 불평등체제로, 자본은 이동하지만 노동력은 고정되어 있던 시대와는 다르게 21세기는 노동력도 자본처럼 이동하는 시대가 되었다.

특별히 경제세계화는 국가와 지역 간의 취업의 기회와 임금의 격차가 존재하는 한 이주노동자들의 현실은 지속될 수밖에 없는 국제적 현상을 만들었다. 즉, 경제세계화의 전지구화의 물결은 자본과 정보만이 아니라 사람의 노동력을 이동하는 상황을 초래하면서 민족과 인종의 경계를 넘나드는 이주노동은 더욱 증가할 추세이다. 농수산업에서 제조업과 도매업, 서비스업에까지 외국인 이주노동자는 한국사회의 경제와 고용시장뿐 아니라 한국사회의 일상적인 삶과 문화에까지 영향을 미친다.

국내 외국인 이주노동자들의 신분은 한국에 입국하는 과정에서 받은 체류자격과 관련되어 분류된다. 국내에서 일하는 이주노동자들은 크게 합법적으로 취업할 수 있는 노동자들과 '불법체류 노동자'로 구분된다. 이들은 불법체류 노동자라는 용어가 이주노동자의 노동과 삶 자체를 부정하는 의미를 내포하기 때문에 외국에서의 관례대로 미등록 노동자로 부르자는 입장이 학계의 주장이나 정부와 일반인들에게 이들은 '아직도 불법체류자로 인식되어 있다. 즉, 경제세계화는 대량의 노동이민을 양산했고 이들 중의 일부는 현대판 노예나 다름없는 대우를 받는다. 한국사회의 이주민 노동자 실태를 보면[4] 심각한 인권유린의 현장이다.

더욱이 인권의 차원뿐만 아니라 이렇게 명칭에서 나타나는 바와 같이 한국사회에서 이주노동자의 이미지는 대단히 부정적이다. 한국 사람들의

---

3) Ibid., p.128.
4) 1995년 네팔의 노동자들이 명동성당에서 "월급 주세요. 때리지 마세요. 우리는 노예가 아닙니다."라고 쓴 피켓을 들고 시위를 했다.

이들에 대한 인식은 가난한 나라에서 온 최하층 일꾼으로 이들은 가난과 굶주림을 피해서 한국에 일하러 온 사람들이다. 더욱이 최근의 이주노동자에 대한 인권유린의 사례들은 난민이나 노예로 인식하는 듯한 사례가 비일비재하다. 또한 순수한 문화와 혈통에 대한 한국인의 배타적 태도는 이주노동자들을 부정한 존재나 오염의 근원으로 보는 인식도 존재하게 한다. 이러한 인식은 특별히 불법체류자에게 더욱 심각하다. 더욱이 한국사회 안에서도 인종이 서열화되어 피부색이 상대적으로 흰 중동의 노동자는 아프리카나 동남아의 피부색이 검은 노동자들보다 폭행의 빈도가 낮게 나타났다.[5] 즉, 피부색이 검은 노동자들이 더욱 차별을 받는다는 것은 한국인의 인종주의는 생물학적인 인종개념을 넘어 사회적, 문화적 인종개념과 복잡하게 얽혀 있다는 의미이다. 똑같은 흑인이라도 자신이 미국인이라고 하면 우호적인 반응을 보인다는 것이다.

인종적 소수자의 차별의 중요한 원인은 서구중심의 세계화를 통하여 역사적으로 백인중심의 비서구인에 대한 차별로 확대되었다. 그러나 이러한 인종주의는 백인뿐만 아니라 우리도 가지고 있어서 백인에게는 열등감으로, 흑인에게는 우월감이 이중적으로 나타난다. 이러한 현상을 서양의 시각에서 동양을 미개하고 열등한 것으로 보는 것처럼 서구중심에서 아시아를 비하하고 타자화하는 서구인의 시각을 복제하는 또다른 오리엔탈리즘을 말한다.[6] 한국인들은 지난 역사 속에서 문화제국주의 또는 문화사대주의적 관점에서 인종차별을 받아 왔고, 지금은 타자를 향하여 단일민족 정서에 근거한 문화우월주의 그리고 문화분리주의에 의해 인종차별을 하고 있다.

사람들은 다양한 기준으로 소수자를 구별하고 차별하여 왔지만 인종과 민족의 개념은 근대사회의 출발과 함께 차별의 기준으로 나타났다. 차별하기 위하여 차이를 강조하였던 인종주의는 "인종에 따른 생물학적 기

---

5) 최협 외, 「한국의 소수자, 실태와 전망」(서울 : 한울아카데미, 2004), p. 456.
6) 박경태, 「소수자와 한국사회 : 이주노동자, 화교, 혼혈인」(서울 : 도서출판 후마니타스, 2008), p. 137.

준이 인간의 능력을 결정한다는 믿음이다. 이 믿음은 한 인종이 다른 인종보다 우월하다는 믿음을 내포하고 있으면 이 경우는 인종 간의 불평들이 어쩔 수 없다는 생각을 정당화시킨다. 그러나 더 심각한 문제는 인간의 이성이 고도로 발전한 21세기에도 인종주의가 사라지지 않고 교묘하게 새로운 형태로 다시 나타난다는 점이다.[7] 이러한 인종주의와 결합하여 우열의 방식으로 더 나아가 선악의 기준이 될 때 한 민족이 다른 민족에게, 한 계급이 다른 계급에게, 한 성이 다른 성에게 전쟁과 폭력을 가해 왔음을 가까운 근현대사를 살펴보아도 잘 알 수 있다.

독일이 게르만 민족의 우월성을 내세워 수많은 생명을 앗아 가는 정당성을 한때 주장하였고, 민족의 고유성, 종교의 순수성, 문화의 단일성을 내세우며 이 지구상에는 한시도 평화로운 순간이 없었다. 전쟁 보고서에 따르면 1945년부터 1990년까지 총 2,340주 중에서 단 3주간을 제외하곤 이 지구상에는 크고 작은 전쟁이 있었다. 특히 1980년을 기점으로 동서 양대 진영의 냉전체제의 붕괴와 1990년 구소련이 무너지면서 세계는 평화를 기대했지만 전쟁은 줄어들지 않고 오히려 인종, 민족, 정치적 분쟁으로 지구의 곳곳에서 고통받는 사람들의 절박한 소리들이 끊이지 않고 있다. 특별히 이러한 전쟁과 폭력 그리고 갈등과 반목의 현장은 여성과 어린이, 그리고 노약자들에게는 기아와 질병 그리고 폭력과 강간 등 말할 수 없는 이중 삼중의 고통을 생산하고 있다. 이렇게 차이에 대한 부정적이고 차별적 인식은 근현대사를 통하여 인종주의, 성차별주의, 그리고 계층차별 등 다양한 인간의 고통을 양산해 왔다.

한국은 헌법에 의해 모든 국민은 인간으로서 존엄과 가치를 가지며 행복을 추구할 권리를 가진다(제10조). 그러나 한국사회 안에서의 인권은 인간으로 누려야 할 권리로서 인권보다 국가안보와 경제가 더 중요하다는 생각이 지배적이다. 인권을 논하는 데 있어서 중요한 요소는 많은 경우 인권의 침해는 가해자의 입장에서 볼 때 '특정범주의 인간'을 향한 배제라기보다는 '비인간'(inhuman) 혹은 '의사인간'(psudohuman)으로 간

---

[7] 위의 책, p. 138.

주되는 대상에 대한 배제이다. 즉, 근대 우리가 정의해 온 인간이 얼마나 배타적 개념인지를 잘 말해 주고 있다. 소수자로서 한국 이주노동자들을 위하여 한국교회가 기독교적 관점에서 인간이해의 근본적 변화가 필요하다. 전통신학에서조차 보편적 인간의 범주 속에서 인종, 계급, 그리고 성의 차이에 기초한 다양한 소수자들을 제외하여 왔다. 왜냐하면 전통신학에 깊게 뿌리내려진 근대신학적 인간이해는 계층적이고 이원론적인 인간이해로써 근본적으로 인간들 사이의 다양한 차별을 가능하게 하는 개념적 한계를 가진다.

따라서 근본적으로 차이를 차별화하지 않는 새로운 인간이해는 서양과 동양, 남성과 여성, 자아와 타자 사이의 개념들의 전통적 분리의 존속을 불가능하게 하였다. 그것들 사이의 범주론적 분리는 계층적 이원론적 사고방식을 통해서 자아는 타자를, 서양은 동양을, 그리고 백인은 유색인종을 억압하고 주변화시켜 왔다. 이러한 관념적 체계는 많은 소수자 그룹들과 한국사회의 이주노동자들의 삶에서도 예외 없이 드러난다. 최근에 이러한 분리들이 초래한 많은 부정성에 대한 비판이 다각적으로 소개되었다. 이러한 범주적 분리는 계층적 관점에서 하나가 하나를 정복함으로써 다름을 이해하고, 서로의 관계성 안에서 차이를 존중하고 인정하는 것과는 분명히 다르다. 사회문화적으로 이러한 개념들 사이의 계층적 이원론은 인종들과 그룹들, 특별히 그중에서도 가난한 사람들을 억압하고 그들의 정신과 육체를 피폐하게 하였다. 따라서 한국 기독인들은 서구문화에 대한 피해의식과 열등감에 뿌리를 둔 한국기독교의 문화적 성향을 철저하게 반성할 뿐 아니라 동시에 우리 내에 존재한 뿌리 깊은 인종적, 문화적 차별의 의식을 비판적으로 검토할 수 있어야 진정한 평화를 함께 이루어 내는 세계를 만들 수 있을 것이다.

늘 서구 기독교에 의해 타자(other)로 주변(margin)으로 비추어져 온 한국기독교는 서구중심적 담론 속에 내재한 억압적 요소들에 대한 인식과 함께 우리 안에 존재하고 있는 억압자로서의 모습을 솔직히 고백할 때 우리는 단순히 억압당한 것의 분노와 피동적 희생자로서의 의식을 극복하고, 혹은 단순한 위치 이동으로 우리가 또다른 이 땅의 많은 약자를 억압할 수 있음을 시인할 때에 진정한 해방의 영성이 우리를 통해서 활동하게 될 것이며, 한 단계 성숙한 해방이론의 모델을 제시할 수 있을 것이다.

### 3. 한국 이주노동자와 다문화에 대한 이해

최근의 차이의 의미에 대한 다양한 이론들은 민족, 인종, 그리고 성의 주제들과 함께 획일적이고, 본질적주의적이며, 계층적인 담론들을 비판하면서 지속적으로 더욱 복잡하게 변화되고 있는 상황을 인식하게 했다. 이러한 차이에 대한 새롭고 긍정적인 의미는 특별히 문화의 단일적이고 동질적 이해 안에서는 충분히 인식하고 논의하기 어렵다. 현대사회는 지구화(globalism)의 과정을 통해 모든 문화 양식들의 혼합과 상호작용으로 인해 문화의 순수성 자체가 무색해졌다. 개체 문화와 국경, 민족을 넘어 경계가 해체되거나 혼합되고, 새롭게 형성되는 지구적 상황은 매우 빠르게 변화하고 있다. 적어도 모호해진 지 오래이다. 문화는 계속해서 변화하고 유동적이기 때문에 오히려 역사, 사회, 문화적 상황의 변화의 관련 속에서 문화의 순수성을 정의하는 것이 바람직하다는 지적이다. 그럼에도 불구하고 문화정체성에 대한 논의가 문화적 세계화에 발맞추어 함께 진행되어 왔으나 이러한 논의는 전통문화, 언어와 습관 등에 기초한 문화 특수성의 강조이지 근대에서 논의되어진 문화적 폐쇄성과 근본적으로 다른 의미를 갖는다. 즉, 상호 영향을 받고 상호 관련되면서 갈등과 조화를 용인하는 개방적 의미에서의 문화정체성을 말하는 것이다. 이러한 문화정체성에 대한 개방적 이해야말로 각각의 민족적 문화정체성을 추구하면서도 인종차별이 극복되어질 수 있는 문화에 대한 바른 자세를 보여 준다.

한국문화의 동질성과 순수성은 반만년 한국문화전통의 중요한 특성들이다. 또한 한 핏줄과 단일민족론에 기초한 민족주의는 우리 민족의 중요한 정서로 우리 사회에 뿌리 깊게 남아 있다. 그러나 후기현대사회는 인류문명의 범세계화적 담론을 통해 배타적 민족주의를 신랄하게 비판한다. 민족주의는 종종 수구주의와 민족이기주의를 만들어 내면서 다른 인종의 차별을 가능케 하는 또 하나의 문화적 우월감의 표현이라는 것이다. 즉, 배타적이고 폐쇄적인 민족주의는 인종차별주의와 쉽게 결합하기 때문이다. 또한 귀화자와 국제결혼의 증가로 인해 이제는 국가의 개념도 단일민족으로만 생각하는 인식에서 벗어나야 한다. 따라서 진정한 민족의 정체성은 개방된 마음과 유연한 태도로 타 문화와 공존할 수 있는 자세의 전환으로써 가능하며, 이러한 자세는 민족주의에 대한 해석의 지평을 넓히게 할 뿐 아니라 '우리'라는 진정한 의미를 발견하도록 도와줄 것이다.

20년이 채되지 않은 한국의 이주노동자운동은 그간에 성과를 다양하게 성취하여 왔다. 특별히 다양한 이주노동자 지원 단체들은 한국인들과 이주노동자가 함께 어울려 살아갈 수 있는 사회를 만들기 위해 노력하여 왔다. 즉, 이주노동자들이 시혜의 대상이 아니라 자신의 삶을 진취적으로 개선해 나가는 주체적 존재로 보고 그들을 국내에서 자립할 수 있도록 지원하여 왔으며, 동시에 한국인들에게는 매우 이질적인 문화를 간직하는 이주노동자들과 상생할 수 있는 자세를 갖추어야 하는 것을 교육하고 계몽하여 왔다. 즉, 이중적 과제이기는 하나 이주노동자 자체운동을 스스로 활성화시키도록 조직을 설립하고 자립하도록 이들이 노동자로서의 자기정체성을 갖도록 하여야 한다.

그리고 이들을 위한 교육과 이주노동자 지원 단체 사이의 상호보완적 협조체제를 구축하는 것도 중요하다. 우리는 우리 자신을 통해서 타자를 알게 된다. 그러나 또한 타자를 통해서도 우리 스스로를 알게 된다. 즉, 한국사회가 재현해 내는 이주노동자의 이미지와 이주노동자들이 경험하고 있는 한국사회는 제한되어 있다. 이러한 환경은 한국인에게 이주노동자는 관념적 타자로 만들어지고 이주노동자들은 한국사회에서 자신이 처한 환경 속에서 국제노동이주라는 적극적 선택을 한 삶의 주체로 인정받기보다는, 노동자로서의 신분도 인정되지 않고, 빈곤과 오염의 매개체로 사회적 인종개념에 따라 인종적 위계가 지워지는 수동적 존재로 재현되고 있다. 이러한 재현은 이주노동자들을 한국사회의 배타적, 적대적 타자를 만드는 작업으로 수렴되고 있다. 어떠한 의미에서 이주노동자들에 대한 차별은 우리 사회의 차별의 피해자들이 화풀이 하는 최하층의 그룹으로 규정된다. 즉, 이러한 현상은 차별의 피해자들이 그 사회의 차별의 가치를 내면화하여 또다른 약자에게 차별과 억압을 행사하는 '복합차별'이며, 사회적 약자가 자신보다 더 약하다는 집단을 차별함으로써 자신의 우위를 확립하려 하지만 결과적으로 자신의 약자로서의 지위를 강화시키고 벗어나지 못하는 억압적 현상이 재연되는 것이다.[8]

최근에 많은 감동을 준 한 TV 프로그램에서는 이주노동자들의 고통스러운 삶은 그들의 문제가 아니라 우리의 문제이고 남의 나라 문제가 아니라 우리의 이웃의 문제임을 끊임없이 환기시켰다. 이러한 프로그램은 이주동자들의 현실이 동정과 시혜의 대상이 되는 불쌍한 타자가 아니라 우리와 일상에서 관계 맺는 한국사회에서 살아가는 주체로서, 노동자들로, 그리고 한울타리에 살아가는 가족들로 부각시킨다. 이러한 문화적, 인종적 차이를 열린 마음으로 수용할 때 그들 사이의 다름 안에서 일어날 수 있는 갈등과 긴장은 한국인에게 다양한 문화형성을 가능하게 하는 창조적 공간을 제공할 것이다. 소수자는 하나의 특징을 가지고 있는 사람이 아니다. 소수자는 단순히 다수자에게 적대적이기 때문에 소수자가 아니라 다수자와 작용방식과 다른 작용방식들을 지니고 있기 때문이다.

소수자들이 자기인식에 기초하여 자신의 삶을 다르게 만들어 가려는 움직임이 우리 사회에서도 나타난다. 위로부터 혹은 외부로부터의 개인에 의해서가 아니라 소수자의 내부에서 자각에 의해, 새로운 길을 개척하고 자유의 공간을 확대하여 우리 사회는 점점 다양성 속에서 풍요로워질 것이다. 우리 사회는 겉으로는 다문화사회를 표방하지만 사회의 배타적 본질과 다문화적 모순이 혼재되어 있다. 즉, 이주노동자에 대한 추방과 사회적 차별이 존재하는 현실에서 그들의 문화적 행사의 개최가 혼재되어 있다. 소수자는 소외를 당한 객체이지만 동시에 자신이 처한 현실과 문제를 해결하기 위해 적극적으로 행동할 수 있는 가능성을 지닌 운동의 주체임을 인식하는 것이 중요하다. 그들을 받아들이는 것이 다문화가 아

---

8) 최협 외, 「한국의 소수자, 실태와 전망」(서울 : 한울아카데미, 2004), p. 464.

니라 우리가 변하는 것이 다문화이다. 더욱이 우리가 주목해야 할 관점은 진정한 다문화의 이해는 차이와 소수자에 대한 바른 성찰에서부터 시작된다. 다문화주의에 대한 비판 다문화주의 정책이 오히려 소수자를 주변화시킬 수 있다는 비판지적은 소수자들이 자기 고유의 문화를 존중하고 간직해야 한다는 것을 지나치게 강조하면 사회 전체가 마땅히 누려야 하는 것이 결핍될 수 있다는 의미에서 그렇다. 즉, 보편적인 인권의 차원에서 보면 간과하기 어려운 것을 '그들의 문화'라는 관점에서 지나칠 수 있기 때문이다.

따라서 타자를 바르게 수용하며 나 중심적인(self-centered view) 관점에서 벗어난 새로운 인간이해와 자기이해에 대한 성찰이 요구되어진다. 나에 대한 올바른 이해는 차이에 기인한 차별을 근원적으로 해체하기 위한 기초적인 작업이다. 특별히 자기이해에 대한 물음은 1990년대 이후 동서의 이데올로기의 붕괴와 함께 포스트모더니즘, 후기구조주의, 그리고 후기식민주의 여성주의자들의 등장과 함께 인종의 문제가 성, 계층, 민족, 그리고 문화적 차이들과 관계성 안에서 논의되기 시작하면서 이러한 이론들이 다문화사회 속에서 다양한 인종들 사이에 자기 정체성 또는 주체성의 개념들과 함께 중요하게 토론되어졌다. 나에 대한 바른 이해는 세계와 우주 그리고 하나님에 대한 새로운 이해의 중요한 작업일 뿐 아니라 타인과의 새로운 관계회복을 통하여 구체적으로 21세기의 심각한 문제인 폭력과 전쟁 그리고 생태계의 파괴와 특별히 다양한 소수자와 주변인들에게 가해지는 여러 가지 반생명문화가 만연된 현실에서 꼭 성찰되어야 할 이슈이다.

## 4. 한국 이주노동자의 차별과 차이에 대한 신학적 성찰

근대의 차별은 차이를 근거로 하고 있다. 차이에 대한 인식은 평등에 대한 이해보다는 차별을 정당화시키는 이유가 되었다. 왜냐하면 정치적으로는 표준적 정상적 인간에 대한 선 이해는 그 시대를 대표하는 권력이해와 관계가 있다. 외국인 근로자들은 소수자[9]의 범주에서 차별의 근거를 지닌다. 그러나 소수자가 꼭 수적인 개념이라기보다는 '차별과 편견'의 대상인가 아닌가에 달려 있다. 한국은 이미 40만 명이나 되는 이주노동자를 비롯해 국제결혼을 통해서 이주해 온 배우자들, 화교, 혼혈인 등과 같은 수많은 인종적, 민족적 소수자들이 차별을 경험하고 있는 사회이다. 지구화는 한국사회에도 많은 변화를 가져왔다. 최근의 다름의 의미에 대한 다양한 이론들은 민족, 인종, 그리고 성의 주제들과 함께 획일적이고 본질적주의적이며 계층적인 담론들을 비판하면서 지속적으로 더욱 복잡하게 변화되고 있는 상황을 인식하게 되었다.

특별히 인종차별주의와 함께 다양한 차별을 가능하게 한 인간이해는 근대의 남성중심적이고 독립적이며 자율적인 이성에 기초한 인간이해이다. 남성중심주의와 인종중심주의에 근거한 남성 백인 경험을 토대로 이론화된 현대의 자기이해는 여성과 흑인, 그리고 동양 사람들과 같은 열등한 타자를 재생산하는 논리적 구조를 가지고 있다. 이러한 자기와 타자의 관계를 중심성과 주변성의 계층적 이원론 위에 구분짓는 것은 차이에 대한 이해의 부정적 의미의 기초로 가능하다. 로드는 전통신학에 나타나는 서구 전통들은 대립적 관계 안에서 인간 존재의 차이를 바라보는 경향이 있다고 지적한다. 즉, 남자와 여자, 백인과 흑인, 서양과 동양 등[10] 계층적 이원론에 기초하고 있다. 따라서 한 인종의 중심성의 해체는 타인을 수용하는 전제이고, 더불어 살아가는 지혜를 배우게 할 뿐 아니라 타자에 대한 관계의 근본적 수정을 하게 한다. 따라서 차이의 부정적 의미가 사회를 지배할 때 우리는 종종 갈등 없이 또는 무의식적인 인종차별이 가능한 것이다. 다름에 대한 진정한 이해는 인종차별뿐 아니라 우리 사회에 존재하는 다양한 차별(인종적, 문화적, 성적)의 구조를 보다 비판적으로

---

9) 소수자는 신체적 또는 문화적 특징 때문에 사회의 다수 성원에게 차별을 받으며, 차별받는 집단에 속해 있다는 의식을 가진 사람들이라 정의할 수 있다. 박경태, 「소수자와 한국사회 : 이주노동자, 화교, 혼혈인」(서울 : 도서출판 후마니타스, 2008).
10) Audre Lorde, *Sister Outsider : Essays and Speeches*(Freedom : Crossing Press, 1987), p. 114.

성찰할 수 있는 관점을 제공한다.

즉, 근대의 인간이해는 인간의 변하지 않는 보편적 존재의 본질을 인정하는 반면, 후기 현대 사상가들의 주체성의 형성을 정치사회적 그리고 종교문화적 구성으로 설명하는 관점은 인종차별을 이론적으로 비판하기 위한 중요한 통찰을 제공한다. 이러한 이론들이 인종차별을 극복하기 위해 후기 현대주의 관점에서 '차이'를 긍정적으로 고려함으로 현실 속에서 특수한 측면을 절대화하는 어떠한 시도를 폐지하는 것이다. 여성주의 정치학자 영(Young)은 차이를 무시하는 것은 사회적으로 문화적으로 특권 그룹을 제외한 다른 그룹들을 불리하게 하고 억압하는 특징이 있음을 지적하였다. 더욱이 그녀는 특권 그룹의 경험과 관점을 '중립적이고 보편적인' 것으로 정당화하는 것과 그리고 억압받는 그룹을 타자로 객관화하는 것은 문화제국주의를 강화시키는 것이라고 주장한다.[11] 이러한 점에서 차이의 정치학은 특수하고 다양한 문화와 인종들의 자기 신뢰에 근거한 상호 대화와 연대성을 위한 창조적 가능성을 통하여 자유와 해방의 힘을 제공할 뿐 아니라 한 인종이 다른 인종의 지배와 차별을 철폐한다. 여기서 우리는 진정한 차이의 의미를 알 필요가 있다.

이러한 차이에 대한 긍정적 해석 안에서는 한국사회에서 인종적 그리고 문화적 차이에 대한 도전과 변화를 창조적으로 해석하고 발전시킬 필요가 있다. 차이를 절대적 타자성과 배타성보다는 오히려 특수성과 다양성으로 정의하면서 더욱 풍요로운 타자와의 관계를 모색하게 된다. 이러한 새로운 정의들은 사람들 사이의 분리보다는 관계를 강조하며, 동시에 인종과 민족 정체성의 의미는 자신들만의 우월함의 절대적 개념 없이도 다른 사람들에 대한 그들의 특수한 친화력에 의한 상호작용으로 설명되어질 수 있다. 그러므로 차이를 존중하지 않고서는 외국인 근로자들과 우리와 피부색이 다른 다문화그룹을 진정한 다름의 정치학으로 성취할 수 없다. 예를 들면 정말 불리한 위치에 있는 그룹이 고통받을 때 그들을 위

---

11) Young, Iris Marion, *Justice and the Politics of Difference*(Princeton : Princeton University Press, 1990), pp. 164-165.

해 우리는 진정한 연대성을 형성하기 위해서 그들의 특수성을 주시할 필요가 있다. 참된 평등성의 목표를 성취하기 위해 다양한 인종들의 특수한 상황과 억압의 경험은 반드시 대중적으로 인식되어져야만 한다.

마틴(Martin)은 '차이의 정치학'은 인식론적으로 지배의 구조로써 그리고 다름의 개념은 방법론적으로 저항과 능력으로 고려되어야만 한다고 주장한다.[12] 로드(Lorde)가 지시한 대로 서구 전통들은 대립적 관계 안에서 인간 존재의 다름을 보는 경향이 있다. 즉, 지배와 종속, 선과 악, 우월감과 열등감 등이다. 특별히 선이라는 것은 인간의 필요 개념 안에서라기보다 이익이라는 개념 안에서 정의되어져 왔다.[13] 여기서 로드의 통찰은 차이의 서구중심적 문화이해와 문화제국주의와 문화적 식민주의와의 밀접한 관계 속에서 표현되어진다.[14] 로드는 차이의 의미와 함께 차이의 정치학을 재정의한다. 그녀에게 '차이'는 상호 의존의 인식과 관계성을 위한 자기 보호의 진정한 원천과 개인적 힘의 자원의 결합을 제공하는 긍정적이고 적극적인 역할을 갖는다.[15] 혹은 다름의 개념은 차이의 대면함이고 그래서 우리는 "진정한 의미의 연대성을 배울 수 있다"[16]고 생각한다. 더욱이 차이의 개념은 역사적인 측면들로 확장되어질 수 있다. 이러한 중요한 단계 없이 외국인 노동자들은 진정한 연대성과 상황화(contexualization)를 기대할 수 없다. 따라서 필자는 한국교회와 그리스도인들이 차이가 차별의 근원을 제공하는 잘못된 개념과 상징화, 그리고 언어적, 문화적 왜곡과 잘못된 의식을 바로잡기 위하여 이주노동자의 온전한 삶을 지원하고 정당화시켜 주는 소수자를 위한 주변부 신학의 재정립이 중요하다고 생각한다.

---

12) Joan M. Martin, "The notion of Difference for emerging womanist ethics," in *Journal of feminist studies in Religion* 9(Spr-Fall, 1993), p. 43.
13) Audre Lorde, *Sister Outsider : Essays and Speeches*(Freedom : Crossing Press, 19874), p. 114.
14) bell hooks, *Talking Back : Thinking Feminist, Thinking Black*(Boston : South End, 1989), p. 76.
15) Lorde, p. 112.
16) hooks, p. 25.

## 5. 소수자를 위한 신학적 구성으로써 주변부 신학

위에서 살펴본 바와 같이 인종은 역사적으로 차별의 조건이 되었으며, 가장 빈번하게 주변부의 삶으로 규정되었던 중요한 요인이다. 따라서 차이와 다름에 기초한 성찰과 반성은 한 소수자들을 위한 신학적 관점이 한국교회로 하여금 외국인 근로자와 다문화가정에 속한 다양한 인종적 배경의 사람들에 대한 시각을 급진적으로 변화되기를 요청한다. 한국교회가 이주노동자들의 인권을 보호하고 동시에 하나님의 형상으로서의 인간이 소유해야 하는 존엄성을 회복하기 위해서는 차이에 대한 깊은 신학적 성찰이 필요하다. 근대 이후의 다원적 사회에서의 인간 억압은 계급과 성의 차별을 넘어 인종과 문화에 대한 잘못된 이해로 인해 더 복잡한 양상을 띤다. 특별히 근대를 이끌어 온 거대한 담론들이 해체되면서 다양한 그룹과 소수자들에 대한 신학을 건설하기 위해 복음에 대한 완전히 다른 해석학적 패러다임과 기독교적 신앙과 본질에 대한 새로운 이해로써 소수자들에 대한 새로운 신학함이 제기되어야 한다.

복음적 관점이라는 의미는 궁극적으로 예수의 생각방식이다. 예수처럼 생각하기 위해서 예수의 정신을 소유하여 한다는 것이다. 즉, 기독교의 해석학적 원리는 근본적으로 예수 그리스도에 기초되어 있다. 구스타프 구띠에레즈의 말대로 믿음의 위대한 해석학적 원리는, 즉 모든 신학적 추론들의 토대는 예수 그리스도이다.[17] 특별히 이 시대 주변부 신학이 복음의 본질을 대변해야 하는 중요한 이유는 예수가 주변에서 살아간 사람이었다는 점이다. 예수는 결코 중심에서 살아가지 않았고, 중심에 선 존재로 복음을 전하지 않았다. 수많은 성서적 증인들이 이것을 정당화한다. 그 당시 중심에 서 있는 바리새인, 사두개인, 율법학자 서기관, 그리고 로마인들은 예수를 거부했다. 뿐만 아니라 예수는 자신의 백성들에게조차 낯선 사람(stranger)이었다. 예수는 버림받고 의지할 데 없는 거절당

---

17) Jung Young Lee, *Marginality : The Key to Multicultral Theology*(Fortress Press : Minneapolis, 1995), p. 27.

한 자들의 친구였다. 요한복음 1 : 11에서 예수는 그 시대의 지배적 그룹으로부터 배척당하셨을 뿐 아니라 자기 백성에게조차 거부되어진 존재로 묘사되어졌다. 더욱이 히브리서(13 : 12 - 13)는 예수는 자신의 백성을 거룩하게 하시려고 성문 밖에서 고난을 받으신 것처럼 촌 밖에 있는 혹은 이스라엘 밖에 있는 존재로 묘사한다. 또한 예수는 버림받은 자다(outcast). 예수는 중심에서 철저히 멀어진 주변인들 그리고 중심으로부터 소외된 자들, 즉 세리, 이방인, 여성, 가난한 자, 억압받는 자, 병든 자, 버려진 자들의 친구였다. 그러나 예수는 주변부에서 살아가는 사람들에게 용납되었다. 왜냐하면 그가 곧 주변인이었기 때문이다. 그는 십자가에서 자기 백성뿐 아니라 그의 아버지로부터도 거부되었다. 그는 분명히 어디에도 속하지 않는 속할 수 없는 두 다른 세계 사이의 '사이 존재'이다(being of in - betweeness). 그는 주변인 중에서도 가장 가장자리에 계신 분이셨다(The Margin of Marginality : 히 13 : 12 - 13, 막 8 : 34 - 35). 자기 십자가를 지고 따라 가야 하는 예수의 삶은 거처가 없으신 거리의 사람이(homeless)였다(마 8 : 20).

이주노동자들과 다문화가족들은 한국사회에서 두 문화 사이에서 살아가고 있으나 그러나 두 쪽에 어느 것에도 속하지 않는 삶으로 복잡한 정체성의 형성 과정에서 많은 혼란과 어려움을 겪어야 한다. 이 두 세계는 항상 평화롭게 공존하기보다는 자주 갈등의 원인으로 혹은 극단적으로는 적대적인 상황을 생산해 낸다. 지배적 사회에서는 그들이 가지고 있는 다른 사회의 뿌리 때문에 그들을 거부한다. 즉, 그들은 두 사회에서 모두 원하지 않은 삶들이다. 두 사회에 속한다는 것은 어느 사회에도 속하지 않는다는 것이다. 그러나 주변부 신학(Theology of Marginality)은 아무 데도 속하지 않지만 동시적인 두 세계를 모두 살아가신 전 존재로서의 그리고 동시적 존재로서 예수를 이해한다. 예수는 참인간이며, 참하나님으로 동시적으로 살아가신 분이시다. 예수는 거부되어진 주변부의 사람이었지만 그는 갈라진 세상의 화해자였고 유대인과 이방인, 여자와 남자, 그리고 율법과 은총 사이에서 진리에 따라 살아간 새로운 주변인이었다. 예수는 참인간이시고 참하나님이신(both/and) 분이셨고, 동시에 예수는 인간이셨으나 인간이 아니시고, 하나님이셨으나 하나님이시지 않으신 (neither/nor) 궁극적으로 예수는 이 세상에 있으나 이 세상에 속하지 않으시고, 저 세상을 향하시나 우리와 늘 함께하시는 저 세상에 있지 아니하시는 분이셨다. 거룩하신 분이시니 거룩히 여김을 받지 않으시고 지극히 작은 자들과 동일시하셨으나 작은 자이지 않은 존재이다. 예수가 존재한 자리는 전적인 부정(total negation)과 동시적 수용(total acceptance)으로 관계성 사이에서 독특한 의미체계를 갖는다.

우리 사회의 소수자들은 중심성(centrality) 또는 힘의 중심(the center of power)에서 멀어진 차별의 대상들이다. 소수자를 위한 주변부 신학은 중심적 상황에서 바라보는 입장이라기보다는 주변부의 상황을 고려하고 주변부의 사람의 경험을 창조적으로 재구성하는 신학이다. 어떤 신학도 모두를 대변할 수 없고, 누구도 시공간의 제한을 넘어서고 편견을 뛰어넘는 모두의 신학을 말할 수 없다. 즉, 개인의 사회문화적 정치경제적 상황은 자신의 개인적 신학을 반영한다. 즉, 신학과 삶은 분리되지 않으며 신학함이라고 하는 것은 신학적 이론과 신학적 실천으로 공존하기 때문이다. 따라서 소수자 신학의 중요한 삶의 자리인 주변부는 소수자들의 신학함에 중요한 공간이 되는 것이다. 더욱이 주변부는 소수자들을 위한 신학의 자리일 뿐 아니라 주변부 그 자체가 소수자들을 위한 신학의 방법론적인 제시를 하는 것이다. 그러나 중심에선 관점보다 주변에선 관점으로 살아가기는 말처럼 쉽지 않다. 주변부 신학하기는 단순한 사유의 공유이기보다는 구체적 공간의 공유와 그 공간에서만 일어나는 경험을 공유하는 것을 의미한다.

예수가 권력과 힘의 중심에서 늘 거리를 두고 있는 것은 능력이 없어서가 아니라 그 시대 소수자들과의 공통된 삶의 자리에 머무시려는 의도적 노력이다. 중심에서는 주변부의 경험을 할 수 없기 때문이다. 그들과의 경험을 공유하고 함께하지 않으면서 그들을 위한다고 말할 수 없기 때문이다. 주변부의 삶을 살아오신 예수는 그래서 세리와 창녀와 과부와 고아, 그리고 병든 자와 소외받은 자들에게로 늘 다가가셨다. 그러나 중심과 관계되지 않은 주변은 없다. 중심은 주변을 만드는 중요요인이다. 따라서 주변의 변화는 중심의 변화와 항상 관련한다. 중심에서 생각하는 방식에 익숙해져 있는 우리들이 어떻게 주변에서 생각하는 방식을 선택할 수 있을까? 예수의 삶의 방식을 선택할 때 가능하다. 주변부에서 멀어질 때 신학은 중립이 되는 것이 아니라 권력을 지향하게 되는 것이다. 예수 정신에서 멀어지는 것이다. 주변에서 중심으로 중심에서 주변으로 흘려야 하는 하나님의 정의와 사랑이 강물처럼 흐르게 하기 위해서 그리스도인들은 쉼 없이 아래로 향하여야 한다. 예수는 오늘도 우리들에게 물으신다. "너희는 나를 누구라 하느냐?"

한국교회는 문화적, 인종적, 다원적 상황을 바르게 인식하고 근본적으로 새로운 신학함의 길을 모색해야 한다. 소수자 신학은 중심적 상황에서 바라보는 입장이라기보다는 주변부의 상황을 고려하고 주변부의 사람의 경험을 창조적으로 재구성하는 신학이다. 어떤 신학도 모두를 대변할 수 없고 누구도 편견을 뛰어넘는 무도의 신학을 말할 수 없다. 개인의 사회문화적, 정치경제적 상황은 자신의 개인적 신학을 반영한다. 즉, 신학과 삶은 분리되지 않으며, 신학적 이론과 신학적 실천으로 공존하기 때문이다. 따라서 소수자 신학의 중요한 삶의 자리인 주변부는 소수자들의 신학함에 중요한 자리가 되는 것이다. 더욱이 주변부는 소수자들을 위한 신학의 자리일 뿐 아니라 주변부 그 자체가 소수자들을 위한 신학의 방법론을 제시하는 것이다.

## 6. 결론

특별히 나/우리에 대한 이해는 타자/이웃과의 절대적 관계 속에서 더욱 풍요롭게 표현된다. 즉, 타자는 개관적 대상으로만 존재하는 것이 아니라 나의 부분임을 인식하는 것이 중요하다. 따라서 타자의 일방적 대상화로 인한 억압은 타인뿐 아니라 나 자신에 대한 억압이 되는 것이다. 나와 같지 않으면 배타적이고 적대적이 되는 문화는 같음의 논리학(the logic of sameness)과 동질성이 지배하는 사회이다. 나를 중심에 둔 동질성의 논리로 우리는 수많은 폭력을 나와 다른 타자를 향해 의식적 혹은 무의식적으로 표현하고 있다. 나와 다른 인종차별을 극복하기 위해서 자신에 대한 이해를 추구함에 있어서 동질성에 근거한 같음의 논리는 쉽게 전쟁을 야기시키고, 이러한 특성들은 일상의 삶에서 큰 갈등 없이 그러한 범주에 속하지 않는 사람을 차별하게 되는 근거를 제공한다. 같음의 논리와 동질성만이 지배하는 사회는 인종차별, 성차별, 계급차별로 인한 다양한 억압을 쉽게 수용할 뿐 아니라 차이의 논리와 이질적이고 낯선 문화와 그룹들이 무시되거나 제외되어진다. 더욱이 동질성에 근거한 지배적 그룹은 차이에서 발생하는 차별을 심리적 폭력과 언어적 폭력을 증폭시키고 물리적 폭력의 정당화를 위한 원리를 제공한다. 즉, 다양한 차이를 무시한 어떤 본질적인 동일성을 추구하는 것이 인종적으로 문화적으로 다양한 소수주의자들에게 억압의 요인이 될 수 있다는 것이다.

보편주의에 입각한 근대 철학은 자율적이고 독립된 자아에 기초하면서 자아와 타자를 주관과 객관으로 분리시키는 인식론적 원리를 제시하고 있다. 반면 후기 현대적 접근을 주장한 대부분의 사상가들은 타자로부터 자아를 가능하면 분리시키려는 것이 자아를 발견하는 길이라는 존재론적 가정과 더욱 보편적이고 추상적이고 중립적, 이성적 지식이 더욱 근접하게 현실을 반영한다는 인식론적 가정을 거부해 왔다. 보편적 이성에 기초한 신학과 철학에 대한 이러한 인식론적이고 존재론적 비판 위에서 다문화적이고 다인종적인 접근을 시도한 사상가들은 타자와의 관련성 속에서 발견된 자아가 더 성숙하고 바람직한 자아임을 존재론적으로 주장하였다. 따라서 주변부 신학은 자율적 인간(man)보다는 공동체적 인간(communal person)을 인간을 이해함에 있어서 더욱 근원적으로 강조한다. 이러한 주변부 신학적 접근들은 주변부와 중심을 나누는 분리주의를 경계하면서 내 안의 나와 다른 타자를 용납하는 나의 이해는 타자와의 관계 안에서 가능하다는 원리를 제공한다. 더 나아가서는 중심과 주변의 끊임없는 관계 속에서 타자를 나의 한 부분으로 인식하는 존재론적인 관계 모델이 가능하게 된다. 이러한 작업은 내 주변에 다른 타자들과의 진정한 관계를 회복하는 데 힘과 용기를 제공하며, 타자를 나의 한 부분으로 받아들이는 데 공간을 확보하는 길이다. 이러한 새로운 차이에 기초한 자기 이해는 다양한 차별을 극복하는 노력과 동시적으로 이루어져야 하는 것이다. 인종차별과 관련하여 우리 안에 내재하는 폭력성을 바르게 인식하는 것이 단순히 인종의 차별만을 철폐하는 것이 아니라 내 안에 있는 다양한 억압자로서의 기제를 해체하여 보다 폭넓고 광범위한 해방 담론을 형성하는 것이다. 이러한 인종과 문화 간의 차이를 간과해서는 인종과 민족의 다름 아래 또다른 차별이 가능한 것이다. 차이에 기초한 타자와 자아의 관계적 모델은 그동안 소외되고, 침묵되어져 온, 숨겨진, 그리고 오랫동안 묻혀져 온 다양한 억압의 소리들과 존재 자체를 거부당해 온 많은 주변부 사람들에게 관심을 갖는다.

결국 우리는 다양한 차별을 철폐하고 새로운 하나님 이해와 새로운 신학을 모색하기 위하여 그리고 한국사회에 이주노동자들의 삶을 온전하게 표현하기 위해서 주변부에 대한 새로운 신학적 성찰과 타자와 다름에 대한 새로운 해석이 강조되고 있다. 하나님 형상으로서의 자기 회복은 타자와의 바른 관계성의 회복뿐 아니라 타자 안에서도 하나님의 형상을 발견하는 진정한 평등을 실현하는 것이다. 이러한 자기이해 안에서 우리는 차이가 차별이 아니라 우리의 부족함을 바라보게 하고, 우리가 보지 못하는 것을 깨닫게 하여 하나님의 온전한 이해를 도울 뿐 아니라 인간이 하나님 형상의 회복을 위한 축복임을 신앙의 눈으로 인식해야 한다. 더 나아가 우리 사회 소수자를 위한 주변부 신학적 관점에서 타자가 나의 한 부분임을 인식할 때 네 이웃을 내 몸처럼 사랑하게 될 것이다. 따라서 '차이'에 초점을 맞춘 주변부 신학은 이 사회의 다양한 소수자들의 인간화를 위해서 결정론적이고 동질적인 인간이해를 다양화시키고 불안정화시키며, 그리고 현실 속에서 특수함과 독특함의 측면을 절대화하는 어떠한 시도들의 해체를 의미함이다. 우리는 그러한 차이들과 긴장들을 고정된 위치들로써가 아니라 대화와 연대성을 위한 창조적 가능성으로써 이해할 필요가 있다.

# 이주여성과 기독교교육

| 오현선 교수(호남신학대학교, 기독교교육학)

## I. 서론

'다문화 교회'의 사역을 돕다 보니 이곳저곳에서 이런저런 전화나 문의를 받게 된다. "교회에 사정이 딱한 베트남 여성이 왔는데 어떻게 하면 되나요?", "교회에 국제 결혼한 가정이 왔는데 어떻게 해야 하죠?", "외국인이 오면 어떻게 해야 하나요?" 등의 문의에 답하면서 한국사회의 다문화적 변화를 지역 교회에서도 실감하고 있는 것이 분명함을 알 수 있다. 특히 농어촌지역의 교회는 다문화가정이 증가하고 있음에 따라 이주민을 위한 사역을 어떠한 형태로든 준비하고 있어야 할 상황이 되었다. 소위 국제결혼이라고 하는 문화 간 결혼 가정이 농촌지역 결혼 수의 반을 차지하고, 이들이 자녀를 출산하고 있으니 앞으로 10년 안에 한국교회 주일학교의 모습도 많이 달라질 것이 분명하다.

다문화사회로 가고 있다는 변화를 문화 간 결혼 가정을 통해서 쉽게 체감하고 있듯이 지난 20년간 지속되어 온 이주노동의 역사 속에서 이주민 문제가 '이주남성노동자'와 '다문화가족'의 문제로만 단순화되고 있는 것은 주의 깊게 살펴야 할 부분이다. 2006년도 법무부 출입국관리국의 통계에 따르면 미등록 이주노동자를 포함한 이주노동자의 수는 총 495,622명에 달하고, 이 가운데 74,176명이 결혼이주민으로 나타나고 있다.[1] 결혼이주민이 증가하고는 있지만 전체 이주민의 비율로 따지면 현재 다문화가족에 쏟는 관심이 다른 이주민들에 비해 지나치게 편중되어 나타고 있는 것으로 보인다. 그리고 이주남성노동자에 비해 그 수는 적지만 엄연히 노동을 매개로 한 이주여성 인구가 존재하고 있다. 한국사회 중소기업의 노동현장에 노동력을 제공하기 위한 통로로써, 또한 저 출산과 고령화사회의 문제를 푸는 해법으로써, 남성으로 일반화되는 이주노동과 다문화가족이 갖는 유의미성을 인정하면서도 다문화사회의 건강성을 확보하는 이주여성노동자를 포함한 다양한 형태로 살아가고 있는 이주민 다수를 중심에 두고 풀어 갈 문제라고 생각된다.

그런 동기에서 이 글은 이주민에 대한 논의를 통해서도 주목받지 못하고 결혼이주민에 대한 논의에도 사각지대에 있는 다양한 이주여성들에 대한 이해를 돕는 글이다. 한국교회의 목회적 관심이 다양한 이주여성의 삶에도 주어지길 바라며, 그 목회적 대안을 기독교교육적 관점에서 제안하고자 한다. 한국교회가 이주민들에 대한 포괄적 인식을 가지고 그들에 대한 목회적 돌봄과 양육을 준비해야 하는 것은 더 이상 선택의 문제가 아니다. 이주민을 교인으로 받아들이고 이들과 함께 공동체를 세우고 그들의 자녀를 양육하는 일이 준비되지 않았다고 해서 교회를 찾아온 사람을, 또 한 동네에서 살게 된 이주민을 교회가 무관심하거나 외면할 수는 없는 상황이 일어나고 있기 때문이다.

---

1) 오현선, "이주민과 다문화주의의 정의로운 공존을 위한 하나의 대안," 오현선 외 공저, 「다문화와 여성신학」(서울 : 대한기독교서회, 2008), p. 260.

## 2. 이주민의 현실이해

### 1) 다문화정책의 두 얼굴 : '이주노동자'와 '다문화가족'[2]

아시아권의 노동인구가 한국사회로 들어온 시간이 20년이 되어 간다. 유입 초기에 한국사회와 정부는 이들에 대한 어떠한 사회적 대응이나 대책을 마련하지 않았고 그렇게 시간이 흐르는 가운데 2007년 '고용허가제'로 제도상의 단일화가 이루어지기까지 거의 15년 동안은 '해외투자기업 산업기술연수생제도'(이하 '연수생제도')를 통해 이주노동인구를 관리 통제하였다.

연수생 제도는 그 용어에서도 나타나듯이 한국사회와 자본가들이 이주노동자들의 노동력은 유용하면서도 그들의 존재를 '노동자' 혹은 '이주민'으로 인식한 것이 아니었다. '연수생'(trainee)이라는 지위는 이주노동자의 사회적 신분을 제한하거나 노동법에 의한 대가를 지불하지 않도록 하는 법적 근거로써 이주노동자를 착취하고, 그들의 인권을 탄압하는 통로로써의 핵심적 역할을 해 왔다. 그간 한국사회는 연수생제도라는 악법적인 틀과 '중소기업중앙위원회'라는 이기적 자본가 집단을 통해 이주민의 한국사회 정주와 이주노동을 근본적으로 불가능하게 하는 이주노동 불허정책을 고수하여 왔다고 볼 수 있다. 이 측면이 한국사회 이주노동정책의 대표적인 한 얼굴이다.

'고용허가제' 역시 이주노동자들에게 노동자로서 지위를 부여하고는 있으나 기본적으로 '고용주에게 이주노동자의 고용을 허가해 주는 것이기 때문에 이주노동자의 자유로운 구직활동이 금지'[3]되는 제도적 한계가 있다. 또한 노동조건과 환경이 열악하여 이주노동자가 자신이 일하던 해당 사업장을 나와 다른 곳으로 이동하고 싶어도 이주노동자에게는 스스

---

2) 오현선, "이주민과 다문화주의의 정의로운 공존을 위한 하나의 대안," 오현선 외 공저, 「다문화와 여성신학」(서울 : 대한기독교서회, 2008), pp. 261–266에서 발췌하여 실은 것이다.
3) 이선옥, "한국에서의 이주노동운동과 다문화주의," 오경석 외 공저, 「한국에서의 다문화주의 : 현실과 쟁점」(서울 : 한울아카데미, 2007), p. 85.

로 결정하고 원하여 새로운 사업장을 찾을 권리가 없다. 비인간적 대우와 열악한 작업환경을 이겨 내고 견디든지, 아니면 단위 사업장을 이탈하여 미등록 노동자로 살아가든지 두 가지의 선택뿐이다. 고용허가제하에서도 여전히 미등록 이주노동자(소위 '불법체류자')가 양산될 수밖에 없다. 연수생제도하에 미등록 이주노동자의 비율이 전체 이주노동자의 80%에 이르던 것이 현재 고용허가제하에서는 50%[4]로 감소하긴 하였으나 여전히 이주노동 정책의 구조적 실패상을 보여 주고 있는 수치라고 할 수 있다.

한국 정부의 이주노동정책이 구조적으로 실패할 수밖에 없는 또 하나의 이유가 있다. 사단법인 '국경 없는 마을'의 상임이사인 오경석의 글을 통해 본다면 다음과 같다.

> 한국 정부의 이주민 정책을 특징짓는 또다른 키워드는 '가족동반불허'라는 것이다. 한국 정부는 지난 20여 년간 일관되게 이주노동자의 정주화를 방지하기 위한 목적으로 국내 체류기간을 3년으로 제한하고 가족동반은 불허하는 단기 로테이션 정책을 고수해 왔다. 결국 국내 이주노동자들의 대다수는 기본적인 노동권으로부터 배제되어 있을 뿐만 아니라 가족과 함께 살아갈 수 있는 인간적인 권리 또한 누리지 못하고 있는 형편이라고 할 수 있다.[5]

제한적인 체류 기간과 더불어 가족동반을 불허하는 제도는 이주노동자를 배제하고 타자화하는 철저히 이주국 중심(또는 자본가 이익중심)의 제도라 할 수 있다. 한국사회의 경제구조상 반드시 필요한 중소기업들의 어렵고, 힘들고, 더러운 작업을 이주노동자들의 노동력을 통해 제공받고 있으면서도 그들을 배려하고 존중하며 인간으로 대우하는 경제민주적 태도는 부재상태이다. 체류 기간과 가족동반이 불가능한 상황이기 때문에 이주노동자들은 언제나 한국에서 언제, 어떤 형태로 떠나게 될지 모르는 심리적 불안과 긴장감을 가지고 있다. 이와 더불어 '잠정적 노동'과 '일시

---

4) 앞의 글, p. 86.
5) 오경석, "어떤 다문화주의인가? : 다문화사회 논의에 관한 비판적 조망," 오경석 외 공저, 「한국에서의 다문화주의 : 현실과 쟁점」(서울 : 한울아카데미, 2007), p. 31.

적 정주'라는 구조적 한계로 인하여 예기치 않은 사회문제와 생활문제가 일어나기도 한다. 안산이주민센터의 한 활동가는 이렇게 말한다.

> 공장에서 일하는 이주노동자들이 함께 지내기도 한다. 기숙사가 아닌 경우 여러 명이 함께 지낸다. 방 하나로 여러 명이 지낸다. 남녀가 함께하는 경우도 있다. 본국의 성에 대한 문화는 보수적이지만 서로가 한국에 와 있는 동안 같이 동거하고 성적 관계를 가지더라도, 확인하기는 어려운 문제이긴 하지만, 용인하는 것 같다. 잠정적으로 와 있다는 것으로 모든 것이 용인되는 상황이다.[6]

작업장과 한국경제에 필요한 노동력만 쓰면 된다는 식의, 노동자는 없고 노동력만을 보는 사고가 이러한 제도 뒤에 숨겨져 있기 때문에 이주노동자들은 사회적, 법적 차별의 문제를 개인적인 것으로 감당하며 살 수밖에 없다. 2년 전 발생한 여수출입국사무소 화재로 이주노동자들이 집단적으로 사망한 사건 이외에도 단속과 추적에 쫓기다 부상, 사망하는 노동자들, 갖가지 산업재해와 안전사고로 인해 장애를 갖고 본국으로 추방된 노동자들, 미등록 신분으로 늘 불안하게 죄인 아닌 죄인으로 살아가야 하는 노동자들, 갖가지 성추행, 성희롱, 성폭력에 시달리며 살아가는 노동자들, 저임금 장시간의 노동 속에 코리안 드림은 아예 포기해 버린 노동자들 등 수없이 많은 고통과 아픔의 이야기들이 이주노동자의 현실을 대변하고 있다. 감추고 싶은 우리 사회의 얼굴이다.

한국사회 이주노동정책의 다른 측면은 관주도형의 다문화주의가 정책화되면서 떠오른 또 하나의 얼굴이라고 할 수 있다. 한국에서 이주노동의 역사가 시작된 이래로 구조적 한계로 인해 발생한 수많은 부정의의 문제를 뒤로 하고, 한국사회 이주노동정책이 2005년을 기점으로 다른 방향으로 급선회하였다. 소위 다문화주의에 대하여 정부가 그 사회적 인식을 확장하고 다문화 정책마련에 관심을 가지게 된 것이다. 오경석은 "다문화주의에 대한 정부의 관심은 2005년 4월, 외국인 문제의 위상이 '대통령 지

---

6) 2007년 안산이주민센터 활동가와의 인터뷰 중에서.

시과제'로 격상되면서 본격화되기 시작했다."[7]고 하면서 "2006년 4월 국정회의에서 '다인종, 다문화사회로의 진전은 거스를 수 없는 대세'라는 대통령의 발언이 있은 후, 정부의 각 부처는 '이주자를 통합하려는 다문화주의정책' 개발과 입안을 위한 경쟁에 적극적으로 나서고 있다."[8]고 보고 있다.

'다인종, 다문화사회로의 진전이 거스를 수 없는 대세'라고 표현한 것은 한국사회의 외국인 인구가 한국 전체 인구의 2%에 달하고 있는 인구의 현 실태를 반영한 것이다. 게다가 저출산·고령화사회의 인구감소와 생산활동 인구의 부족이라는 내적 결핍을 결혼이주민과 이주노동자를 통해 해소하고자 하는 한국사회의 욕구를 공식적으로 드러낸 것이다. 결국 이주민들의 개인적 욕구와 한국사회의 공적 욕구가 결합하여 다문화주의정책이 태어나게 된 것이다. 그런데 문제는 다문화정책의 주된 기조가 결혼이민자가정, 즉 '다문화가족'에 초점이 맞추어 불균형적으로 진행되고 있는 점이다. 다문화가족이 갖는 문제와 어려움이 이주민의 문제이기는 하지만 오경석의 지적대로 '전체 이주민의 문제를 대변할 수 있는 위상을 갖는 것은 결코 아니며'[9] 이 과정에서 '정부의 다문화정책에서 국내 이주민 문제의 핵심이라고 할 수 있는 미등록 이주노동자들의 문제는 범주적으로 배제되어'[10] 나타나고 있는 것이 사실이다. 따라서 다문화가족을 통해 실질적으로는 한국사회 중심의 소수자 통합정책을 시행하면서 겉으로는 다문화사회, 다문화주의, 다문화정책의 모습을 표방하는 것처럼 보일 수 있다.

이러한 비판의 소리가 최근의 다문화주의의 담론을 함께 지속해 온 현장 활동가와 젊은 연구자들에 의해 제기되었고, 이들의 공부모임과 사회적 토론의 과정[11]을 거쳐 「한국에서의 다문화주의 : 현실과 쟁점」이라는

---

7) 오경석, p. 33.
8) 앞의 글.
9) 앞의 글.
10) 앞의 글.
11) 이 책이 만들어지기 전에 활동가들과 연구자들이 함께 공부하고 연구하며 모아진

결과물을 내놓게 되었다. 이 책에서 지적하고 있는 비판의 소리를 각각 소개해 보자면 다음과 같다.

다문화주의 정책을 통해 단기적인 방문노동의 문제를 이민(정주)의 문제로, 노동력 관리의 문제를 사회, 문화 통합의 문제로 새롭게 자리매김 하겠다는 것이 정부의 의도이다. 그러나 이주노동자들의 노동권 및 시민권에 대해서는 철저하게 배타적인 입장을 견지해 온 정부가 문화적 권리와 관련해서만 적극적으로 개방적인 입장을 취하는 일이 과연 가능한 일일까?[12]

다문화가족의 범주가 내국인과 혼인한 '합법적' 체류자로 한정하고 있기 때문에 '다문화가족 지원법'은 이 땅에 존재하는 합법이든 불법이든 한국인과 혼인관계가 없는 이주노동자 가정을 배제하고, 난민으로 들어온 아프리카계 가정들을 배제하고, 이 땅에서 오랜 세월 살아온 화교가정들을 다시금 배제하는 것이다.
다문화가족이라는 용어가 국제결혼 가정들에게 일방적 한국문화 적응을 요구한다면, 이주남성이 국민의 권리를 실질적으로 누릴 수 없는 상황을 은폐한다면, 그리고 다른 국가 출신의 가정들을 불법체류자이거나 난민 또는 화교라는 이유로 배제한다면 다문화가족이란 그저 그럴싸한 용어 포장에 지나지 않는다고 봐야 할 것이다.[13]

'결혼이민자'라는 용어 자체는 2005년부터 정부공식문건에 등장하기 시작하는데, 이전에는 결혼이민자와 여성이주노동자를 통칭하여 여성외국인근로자라는 용어가 주로 사용되었다. 한국 정부가 결혼이민자라는 용어를 여성외국인근로자와 별도로 사용하기 시작했다는 것은 한국 정부가 결혼이민자들을 특별정책 대상 집단으로 인식하기 시작했다는 것을 의미한다. 결혼이민자들은 일반 한국여성과도 여성이주노동자와도 다른

---

글들을 2007년 2월 사단법인 '국경 없는 마을'의 후원으로 "한국에서의 다문화주의 : 현실과 쟁점"이라는 토론회를 개최하여 사회적 공론의 장을 통해 소개되는 과정을 거치기도 하였다.
12) 오경석, 앞의 글, p. 32.
13) 정혜실, "파키스탄 이주노동자와 결혼한 여성들의 이야기 : 파키스탄 커플모임을 중심으로," 「한국에서의 다문화주의 : 현실과 쟁점」(서울 : 한울아카데미, 2007), pp. 189-190.

정책집단이 된 것이다.[14]

문제는 한국에서의 다문화주의가 국제결혼 이주여성과 그녀들의 자녀들만을 대상으로 하고 있어서, '다문화'를 표방하는 지원단체들이 이주노동자의 노동문제, 미등록 노동자 문제 해결에는 소극적이라는 데 있다.[15]

이러한 이유들로 인하여 '다문화가족'에 대한 정부의 정책적 지원과 매스컴을 통해 보도되고 만들어지고 있는 '다문화가정'의 이미지를 엄밀히 분석해야 할 필요성이 있다. 문화 간 결혼을 바탕으로 이루어진 '다문화 가족'은 다른 문화와 인종적 차이를 가진 남녀가 대등한 인격과 사랑으로 만나서 소수집단에 속한 배우자의 정체성이 다수집단에 속한 배우자의 문화 속에서 억압되거나 동화됨이 없이 양자의 평등한 이해를 바탕으로 공존하는 가족 형태이어야 한다. 이주국(한국) 배우자 중심의 불평등하며 시혜적 차원의 관용이 베풀어지고, 성차별적이며 가부장적 문화가 재생산되는 가족은 이주민들에게 또다른 억압 장치로 작동하게 되어 또 다른 사회적 문제를 야기하게 될 것이다.

문화 간 결혼과 이혼에 대한 2005년 통계자료를 통계청이 제시하고 있는데[16] 문화 간 결혼이 전체 결혼의 13.6%를 차지하고 있고, 이 가운데 한국인 남성과 외국인 여성이 결혼하는 경우가 문화 간 총 결혼의 72.3%를 차지하고 있다. 이 가운데 이혼율은 13%로 나타나고 있다. 이는 한국여성과 외국인 남성의 문화 간 이혼율 6.5%에 비하면 거의 두 배에 달하는 비율로 한국 남성과 외국인 여성으로 구성된 부부의 이혼율이 더 높은 것으로 나타난다. 이혼의 사유에는 다양한 이유가 있겠으나 다문화가족의 억압적 관계구조가 변화되지 않는 한 이혼율은 점점 더 높아질 것으로 예상되고, 필자가 관계하고 있는 안산이주여성상담소 블링크(BLinK :

---

14) 김희정, "한국의 관주도형 다문화주의 : 다문화주의 이론과 한국적 적용," 앞의 글, pp. 72-73.
15) 이선옥, 앞의 글, p. 103.
16) 경기여성단체연합, "경기도 이주여성 실태조사를 통해 본 이주여성의 삶과 정책대안 만들기,"「2006 경기도 이주여성 정책 토론회 자료집」, p. 15.

Better Life in Korea)를 통해서도 이미 여성결혼이민자들의 상담사례와 이혼소송사례가 해마다 늘어나고 있는 것을 볼 수 있다.

결국 이주노동자 정책이 지속적으로 생산해 내고 있는 문제를 간과한 채, 문화통합적 시각에서 바라보려는 다문화가족의 모습은 국내의 다수 다층의 이주민의 삶과 생존문제 등 현실의 어두운 면에 대한 시선을 차단하는 기제로 작동하게 될 것이다. 다수문화에 소수문화를 통합하려는 문화통합적 입장은 다문화사회의 성격을 띠고 오랜 세월을 지나오면서 다문화정책을 시도해 오고 있는 여러 국가를 통해 이미 정책적 오류로 평가되고 있는데, 이러한 전철을 그대로 밟아 가고 있는 현재 한국사회의 모습이 안타까울 뿐이다.

### 2) 이주여성의 삶의 자리[17]

필자는 한국사회에서 이주민의 문제가 주로 결혼여성이주민의 문제에 초점이 맞추어져 진행되고 있는 상황을 비판적으로 바라보면서 이주여성의 다양한 삶의 자리를 바라보아야 함을 강조하는 바이다. 이주여성노동자의 수가 최근에 급증하고 있고 또한 여성 결혼이주민에 대한 보고가 매체를 통해 진행되면서 대중적 관심을 일으키게는 되었지만 그들의 삶의 자리를 어떻게 바라보아야 하는 것인지, 또한 거기에 존재하고 있는 문제들에 대해서는 어떻게 지원체계를 가지고 풀어 가야 하는 것인지에 대해서는 아직 구체적 논의가 부족한 상황이기 때문이다.

현재 한국으로 들어오고 있는 여성이주민은 비자의 형태에 따라 크게 세 가지 영역으로 나누어진다. 이주여성의 초창기 이주 형태의 주된 구성 요인이 되었던 '공연비자'(E-6)에 의해 이주해 온 여성들, 산업연수생제도나 고용안정제에 의한 '비전문 취업비자'(E-9)로 이주해 온 이주여성 노동자들, 그리고 '결혼비자'를 가지고 한국으로 이주해 오고 있는 결혼

---

17) 오현선, "한국사회여성이주민의 삶의 자리와 기독교교육적 응답," 오경석 외 공저, 「한국에서의 다문화주의 : 현실과 쟁점」(서울 : 한울아카데미, 2007), pp. 231-259에서 발췌하여 실은 것이다.

여성이주민들이 그들이다. 이 가운데 구 러시아연방과 필리핀 등지에서 한국으로 들어온 여성들은 공연비자의 합법적 형식과 성격을 넘어서고 있는 성매매 시장에 유입이 됨으로써 이들의 문제가 사회화되기에 이르렀다. 그 이유로 결국 이들의 유입경로가 표면적으로는 차단되는 과정을 거치게 되지만 오히려 현재 법의 테두리를 벗어나 더욱 음성화되어 이들의 인권과 사회적 문제 해결에 어려움을 겪게 되고 있는 실정이다. 그리고 비전문 취업비자와 결혼비자에 의해 이주해 오고 있는 여성들은 고향의 가족과 자신의 생존을 위하여 노동 또는 결혼을 매개로 이주를 결심하게 된다. 이러한 이주여성들의 경제적 결핍이라는 이유와 현재 우리 사회가 필요로 하는 노동력과 사회적 재생산 기능의 보완이라는 양자 간의 결핍이 해소되는 조건하에서 아시아, 아프리카로부터 오는 여성의 이주는 계속해서 증가하고 있고, 지속적으로 이루어질 것이다.

따라서 필자가 '이주여성의 삶의 자리'라고 말할 때 이 글에서는 이주여성들이 존재하고 있는 노동현장과 '문화 간 결혼'이 이루어지고 있는 공간을 중심으로 서술하고자 한다.

### (1) 이주여성노동자의 상황과 문제점

이주남성노동자에 비해 수는 적으나 꾸준히 증가 추세에 있는 이주여성노동자들은 노동시간으로도 그들보다 더 길게 일하고, 월평균 임금은 더 적게 받고 있는 상황이 보고된 바 있다.[18] 이는 성차별적 장시간 노동과 저임금의 불평등 노동착취가 이주여성노동자들에게도 예외 없이 가해지고 있음을 의미하며 '여성의 빈곤화'(Povertization of Women)가 가장

---

18) 2001년도 한국여성개발원 조사에 의하면 제조업에 종사하는 외국인 남성노동자의 월평균 노동시간인 256시간에 비해 17시간이 많은 273시간으로 나타났다. 국내 생산직 노동자의 노동시간(남성 221시간, 여성 217시간)에 비해 이주남성노동자가 35시간, 여성노동자가 56시간이나 더 많이 일을 하고 있는 상황이다. 또한 임금 면에서도 이주남성노동자가 월평균 843,000원, 여성은 751,000원으로 이주여성노동자가 가장 일은 많이 하고 임금은 가장 적게 받고 있음이 보고되고 있다(김엘림, 오정진, 「외국인 여성노동자의 인권보장 연구」(한국여성개발원 2001 연구보고서, 2001), iii).

극명하게 드러나고 있는 지점이라 할 수 있다.

국내에 외국인 노동자는 1991년 11월부터 산업연수생으로 시작하여 현재에 이르기까지 지속적으로 유입이 되고 있는 실정이며, 이 가운데 여성노동자의 경우 2001년 전체 노동자의 35.9%에서 2006년 현재 38.7%를 차지하고 있다. 수적으로는 남성노동자의 수가 아직 더 많지만 비율로 볼 때 남성노동자의 비율은 감소하고 여성노동자의 비율은 증가하고 있다. 이는 우리 사회의 여성노동자들의 빈곤화현상과 더불어 이주민의 여성화 곧 '여성의 이주화'(Feminized Immigration) 현상이 진행되고 있음을 보여 주고 있으며, 따라서 이주여성노동자들에 대한 인권문제와 생존문제에 관심을 기울여야 함을 시사하고 있다.

이주여성노동자들의 문제는 인권과 생존의 문제만이 아니다. '여성'이라는 젠더 특수성으로 인하여 이주여성노동자들이 감당해야 하는 성에 관한 현실적 문제도 심각한 상황이다. 현 단계 한국사회에 존재하고 있는 이주여성의 성문제에 대하여 그 실태를 진단하고 문제를 파악하여 그들의 문제를 해결하는 일은 매우 어렵고, 해결과정 역시 극히 제한적인 수준에서 진행되고 있다고 보아야 할 것이다. 이주여성이 가지는 사회적, 경제적, 성적 지위의 불안정성과 더불어 이주여성의 성문제가 지니고 있는 폐쇄성 때문이다. 이 폐쇄성이 작동하게 되는 요인은 다음과 같다.

첫째로, 한국사회에 이주해 오는 이주여성들은 고향을 등지고 낯선 타국에 와 있을지라도 자신과 가족의 빈곤을 극복하기 위해 자신의 희생을 각오하고, 경제와 노동활동에 대한 적극적 태도를 가지고 있는 사람들이라고 평가할 수 있다. 그런데 이러한 그들의 자세에 비하여 이주여성이 가지고 있는 성에 대한 태도는 소극적이며 폐쇄적인 모습을 보여 주고 있다. 이는 서구사회 안에서 이루어지고 있는 이주여성의 경험과는 다른 차별성을 보여 주고 있는 지점이다. 즉, 문화화 또는 사회화 과정에서 "모든 면에서 남성이 여성에 비해 빨리 문화화 하지만 성역할(gender role)에 있어서는 모든 세대에 걸쳐 여성이 빠르게 변화한다."[19]라고 한 이스핀

---

19) Oliva M. Espin, "Gender, Sexuality, Language, and Migration," Ramaswami

(Espin)의 평가는 인종적 소수인 이주여성들에게 미국사회가 끼친 긍정성이라는 측면을 보여 주고 있다. 다른 문화적 환경에 적응하여야 할 과제를 가진 이주여성들에게 여성주의적 힘과 희망을 제공함으로써 그들의 문화적 적응을 도울 뿐 아니라 이들의 변화로 인하여 다문화사회의 건설에 긍정적 역할을 기대하게 되는 것이다. 하지만 이주자의 모국문화에 비하여 새로 이주해 온 사회의 여성에 대한 문화가 더 개방적이고 덜 가부장적인 서구 사회와의 모습과는 달리 여성에 대한 보수적 시각이 일반적인 아시아의 문화는 이주여성에게 자신의 문제를 개별화하고 은폐하도록 함으로써 한국사회의 다문화사회로의 정착에 부정적 요인으로 작용하게 되는 것이다.

둘째로, 이주여성과 한국인 남성의 관계에 있어서 이주여성들이 가지고 있는 성에 대한 인식과 문화적 태도와 상관없이 체류 자격의 제한성과 불안정성, 그리고 거기에 가중되는 한국 남성의 여성에 대한 보수성, 여성 비하적 태도, 여성을 성적 대상물로 여기는 등의 성에 대한 비인간적 태도가 이주여성들의 자존감에 손상을 주고 있다. 그 결과로 이주여성들이 경험하고 직면하고 있는 성문제를 더욱 은폐하게 되거나 사적으로 혹은 폐쇄적으로 처리하도록 하게 한다. 사례를 들자면[20] 이주여성노동자의 경우 고용주에게 강제추행을 당했으나 언어장벽의 문제, 제한적으로 제공되는 정보나 정보차단으로 인하여 도움을 청할 곳도 알지 못하는 데다가, 고용주에게 이의를 제기하려 하여도 비자 박탈의 염려 때문에 법적 구제 과정에 이를 수조차 없는 경우가 많다. 또한 미등록 여성이 회사 동료에게 강간을 당하였으나 경찰에 신고하면 강제출국이 되는 상황이므로 두려워 고소를 피하는 경우가 있었는데, 상담과정을 통하여 법적 보호를 받을 수 있다고 하여도 고소와 동시에 자신의 신분이 드러나 사건 종료 후 강제 출국당할 것이 두려워 결국 고소를 포기하게 된 경우도 있었다.

---

Mahlingam ed,, *Cultural Psychology of Immigrants*(Mahwah, New Jersey : Lawrence Erlbaum Asso. Inc., 2006), p. 243.
20) 2006년 10월. 안산이주민센터 부설 안산이주여성상담소 이해령 소장과의 인터뷰 중에서.

셋째로, 미등록 여성노동자의 경우 체류 자격의 불안정성과 혼자만의 힘으로 주거와 생활 조건을 마련하지 못하는 경제적 이유가 폐쇄성과 관련되어 있다. 이 여성들은 송출과정에서 진 채무의 부담, 고향으로의 송금은 차지하고 생활을 계속하기에도 버거운 경제적 어려움 속에 있는 경우가 많다. 이주노동자들에 대한 저임금, 열악한 노동조건의 노동현실 가운데 있기 때문이다. 이러한 상황에서 주거공간과 생활비의 일정 부분을 제공하는 남성과 사실혼 관계에 들어가는 경우가 발생하게 되고, 이러한 불안정하고 불평등한 조건을 매개로 하는 관계에서 여성에 대한 성적 억압, 성적 착취가 일어나고 있다. 그렇지만 이 역시 개인적인 상담의 수준에서 종결되는 경우가 많아 피해나 억압의 사실 확인이 매우 어려운 부분이 되고 있다.

### (2) 결혼여성이주민의 상황과 문제점

지난 3월 말 발표된 통계청 자료에 따르면 2005년 한 해 동안 한국인의 전체 결혼 중 13% 이상이 문화 간 결혼임을 보고하고 있다. 그리고 그 가운데 70% 이상이 한국인 남성과 외국인 여성과의 혼인으로 나타났다. 한국인과 결혼한 외국인의 출신국은 재중동포가 전체의 41.6%, 중국이 20.1%, 베트남 11.1%, 일본 10.7%, 필리핀 5.7%, 태국 2.2%, 몽골 1.9%, 러시아 1.4%, 우즈베키스탄 1.4%, 구소련, 동유럽, 아프리카, 중남미, 미국 등을 포함한 기타 국가가 3.9% 등으로 나타나고 있다.[21] 이 자료가 말해 주듯이 현재 우리나라의 문화 간 결혼은 2005년에 4만 건을 넘어 한국에서 이루어지는 전체 결혼의 13.6%를 차지하는 숫자이며, 이는 국내에서 결혼한 13쌍 중 1쌍 이상이 문화 간 결혼을 하고 있다는 말이 된다. 지역으로는 서울, 경기지방이 문화 간 결혼 전체의 50% 이상을 차지하고 있고, 농촌에서 이루어지고 있는 결혼이 문화 간 결혼 전체의 30% 이상

---

21) 정귀순, "시민단체에서 보는 외국인정책방향," 「외국인과 더불어 사는 열린사회 구현을 위한 이민정책세미나」 법무부 출입국관리국(서울 : 법무부 출입국관리국, 2006), p. 35.

을 이루고 있다. 이러한 상황에서 드러나고 있는 문제는 크게 몇 가지로 요약될 수 있는데 만남에서 결혼에 이르기까지의 과정에서의 문제와 결혼 이후의 문제로 나누어 살펴보고자 한다.

① 만남에서 결혼까지의 과정에서 나타나는 문제

현재 이루어지고 있는 문화 간 결혼은 어떻게 이루어지고 있는가? 아마도 이 질문이 문화 간 결혼을 언급할 때 가장 먼저 떠오르는 질문 중에 하나일 것이다. 2006년도 보건복지부의 "결혼중개업체 실태조사 및 관리방안연구"에 의하면 문화 간 결혼을 "전 지구적 발전의 격차와 국내 결혼시장의 교란, 상업화된 결혼중개업체의 증가라는 현상이 맞물려 발생한 구조적 현상"[22]이라고 보고하고 있다. 이러한 현상은 구체적으로 4가지 과정을 거쳐 이루어지고 있는데, 즉 2005년 보건복지부 지원하에 이루어진 '국제결혼 이주여성 실태조사 및 보건·복지지원 정책방안'에서 조사된 바에 따르면 외국인여성이 한국으로의 결혼이주 방법은 크게 네 가지로 ① 아는 사람의 소개(49.3%), ② 직접 만남(16.1%), ③ 종교단체 (15.6%), ④ 결혼중계업체(13.4%) 순으로 나타난다.

직접 만남의 경우를 제외하고는 누군가가 중계를 하여 만남이 이루어지고 있으며, 특히 지인의 소개나 종교단체 등을 통해 만난다 하더라도 이 가운데 상업적 결혼 중계업체가 어느 정도로 개입이 되고 있는지의 여부는 조사하기가 어려운 부분임을 생각할 때 중개자들의 역할이 문화 간 결혼에서 매우 중심적 역할을 하고 있음을 부인하기는 어렵다. 문화 간 결혼을 기반으로 한 가정의 문제들이 사회적으로 드러나고 있고, 피해자가 속출하고 있는 상황에서 이들 결혼중계업체에 관한 실태를 조사하고, 문제를 지적하고, 해결해 가는 것이 중요한 사안이라고 할 수 있다.

이 문제의 이해를 위해 최근 가장 급격히 증가하고 있는 베트남 여성과 한국 남성의 결혼중개업체에 의한 결혼과정을 살펴보면서 문제점을 파악해 보자면 다음과 같다.

---

22) 보건복지부, "2006 결혼중개업체 실태조사 및 관리방안연구," p. 127.

베트남 여성과의 결혼은 2000년 95건이었던 것이 2005년에 5,822건으로 증가하여 전체 문화 간 결혼의 18.7%를 이루고 있다. 맞선을 신청한 한국 남성들은 5박 6일의 일정으로 베트남을 가게 된다. 도착 2일째 4시간 동안 만남의 시간을 가진 후 결혼 상대자로서 여성을 결정하게 되면 그 베트남 여성은 3일째 에이즈 검사 등의 건강진단을 하게 된다. 신랑이 될 남성은 곧 신부 측 부모를 만나고, 4일째는 결혼식을 하고, 5일째는 신혼여행, 그리고 6일째는 귀국한다. 이 과정의 수속비는 남성이 800~1,000만 원을 감당하고 그 돈 가운데 신부 측에는 30~40만 원 정도의 돈이 건네진다.

결혼 자체가 우선적 과제인 남성들과 가난이 원인이 되어 사랑 후 결혼이 아닌, 결혼 후 사랑을 선택하기로 한 여성을 상업적 이윤추구를 위해 대상화하고 있는 중개업체가 주선하고 있는 결혼 성사과정에서 무리가 없을 리 없고 부작용이 따르지 않을 수 없다. 이 과정에서 그 피해를 보통 결혼 당사자들이 감당하고 있고, 해결책도 분명치 않다는 것이 현재의 상황이다. 워낙 짧은 만남을 통해 진행되기에 배우자의 성격을 알 수가 없고, 만남 당시에 실질적으로 제시된 정보가 결혼생활에서 거짓으로 드러나거나, 또는 결혼생활 과정에서 폭력 등의 심각한 문제가 발생할 경우 이주여성의 개인적 피해와 상처는 매우 깊고 크다고 할 수 있다.

주의 깊은 관계법의 연구와 설치가 필요한 상황이긴 하지만 관계법을 개정, 보완하여 그들을 관리한다고 하더라도 상업화된 결혼의 중개업체 자체가 문제이기도 하다. 즉, '가난한 나라의 여성이 부자나라에 팔려 가는 매매혼'[23] 형태가 되므로 인신매매적 성격이 있다는 점이 지적되는 것이다. 유엔 의정서[24]는 '인신의 자유를 사고파는 것, 허위 부정확한 정보를 제공하고 이주하는 것' 등을 인신매매의 정의에 포함시키고 있는데 맞선과 결혼에 이르는 과정에서 정보가 부정확하고 빈약함으로 인해 실수 또는 고의로 부실하고 잘못된 정보가 전달되고 있는 점[25]은 바로 인신매

---

23) 앞의 글, p. 128.
24) 2000년 11월 20일 UN 총회에서 채택.

매적 성격이 있다는 비판을 피할 수 없다는 것이다.

② 결혼생활에서 나타나는 문제

문화 간 결혼이 가지는 긍정적 측면이 있다면 농촌 등지에 거주하고 있는 미혼 남성이 결혼할 수 있게 되어 사회적 재생산에 참여할 기회를 가지게 되는 점과 사회적으로 국내에서 배우자를 만나기 어려운 사람들이 가족을 꾸릴 기회가 문화 간 결혼으로 마련됨으로써 국민의 행복추구권이 실현되고 있는 점[26]이다. 하지만 문화 간 결혼의 증가에 따른 다방면의 지원과 정책이 함께 따르지 않는 상황에서 결혼생활에서 나타나는 문제도 다양하고 그 피해는 결혼여성이주민에게로 돌아가고 있다. 블링크의 이해령은 그 실례로 이들 부부의 높은 이혼율을 들고 있다. 즉, "지난해(2005) 한국인 남편과 외국인 처의 이혼은 1,611건으로 전년도(2004)보다 176%나 늘었고, 또한 한국인 처와 외국인 남편의 이혼도 1,789건으로 전년보다 13%가 증가하였다."[27]고 하면서 이들의 높은 이혼율은 문화 간 결혼커플에 대해서 경험이 없고 소극적으로 대처하는 우리 사회에 책임과 더불어 이주여성에 대한 한국 국민의 비하의식에 대하여 비판하고 있다. 문화 간의 결혼 후, 결혼과정에서 나타나고 있는 문제를 몇 가지로 분석해 볼 수 있다.

첫째로 결혼여성이주민에 대한 비하의식과 그러한 사회적 시선의 문제이다. 결혼여성이주민들이 이 사회에 잘 적응해 갈 수 있느냐의 문제는 이들에 대한 사회적 시선과 결혼 당사자 가족의 시선이 어떤 성격을 가지느냐에 달려 있다. 사회적으로는 이주여성들에 대한 편견을 없애고 그들을 사회의 구성원으로 받아들이는 과정이 필요하고 특히 결혼여성이주민들에 대해서는 이들을 피해자로만 보는 동정적 시각을 극복해야 할 것이다. 보건복지부 자료에서 강조하고 있듯이 "단기간에 일시적 만남으로 이

---

25) 앞의 글, p. 128.
26) 앞의 글, pp. 127-128.
27) 이해령 미간행 논문, "이주기혼여성의 인권과 상담가의 역할"(안산이주민센터, 2005), p. 3.

루어지는 결혼이긴 하지만 자신의 가족과 삶을 위해 적극적으로 주체적 결단에 의한 결정이라는 성격이 있으므로 이들을 비하하는 태도와 시선에 대해 주의하여야 한다."[28]는 점을 기억해야 할 것이다. 외국 여성들이 한국 농촌으로 결혼을 통해 이주해 오기 시작한 것이 20여 년이 됐지만 우리 사회에 만연된 외국인과 혼혈에 대한 차별의식과 사회적 냉대는 이들에게 큰 상처가 되고 있다.[29] 또한 한국인 남성 배우자들과 그 가족들은 경제적으로 약소국에서 온 신부들이라 하여 그들을 무시하거나 자신의 소유물로 생각해서는 안 된다. 이해령은 다음과 같이 지적하고 있다.

> 국내결혼시장에서 소외된 한국인 남성들(물론 문화 간 결혼에서 모든 한국인 남성 배우자들이 그렇다는 것은 아니나 대다수의 남성들이 여러 가지 이유로 한국인 여성들과 결혼에 실패한 자들이라는 사실은 부인할 수 없다.)이 금품을 이용하여 신부를 사 들여온다는 의식이 강하며, 이러한 의식은 결혼생활 도중 부부 갈등이나 시댁식구들 하고의 갈등이 발생할 시에 "내가 너를 얼마를 주고 사 왔는데……. 이혼(혹은 국적 따고)하고 싶으면 돈 내놔."라는 말을 너무나 당연히 하고 있다. 뿐만 아니라 경제적으로 약소국에서 온 신부들을 무시하는 의식과 함께 자신의 소유물이라는 사고에 사로잡혀 있는 경우가 종종 있는데 이와 같은 잘못된 의식이 가정폭력과 함께 가정해체라는 결과를 낳고 있다.[30]

이러한 시각은 이주여성들이 한국사회에 정착하는데 어려움을 줄 뿐만이 아니라 위축된 존재감으로 인하여 또다른 문제를 야기하게 하는 원인이 될 것임은 자명하다. 낮은 자존감과 위축감은 원만한 사회활동을 저해하고, 언어 문제를 넘어 가족 간의 의사소통에도 문제가 될 것이며, 이러한 상황이 개선이 되지 않고 지속적으로 진행된다면 자녀양육문제, 부부 간의 갈등에 영향을 주어 결국 이혼과 같은 부정적 결과를 낳게 될 수 있다. 따라서 문화 간 결혼가정의 원만한 사회정착과 적응을 위하여 "인종

---

28) 보건복지부, 앞의 글, p. 128.
29) 「강원일보」, 20006년 1월 10일자.
30) 이해령, 앞의 글, p. 3.

과 혈통의 다양성을 인정하고, 한국인과 결혼한 외국인들과 그들의 2세를 사회의 일원으로 받아들이는 포용성"[31]을 가져야 할 것이다.

둘째로는 이주여성들이 다중적 어려움(Multiple Difficulties)에 시달리고 있다는 현실이다. 한 뉴스에서 "이주기혼여성들의 경우 주로 문화적 차이, 의사소통 곤란, 자녀양육의 어려움 등 삼중고를 겪고 있다."[32]고 보도하고 있다. 사실 결혼여성이주민의 많은 수가 언어의 한계로 인한 의사소통의 문제와 자녀양육문제, 문화적 차이에서 오는 한국사회 적응문제와 가정 내 폭력 문제 등 중복된 어려움에 처해 있다. 이해령은 이에 대해 다음과 같이 설명하고 있다.

> 결혼과정에서부터 경제적인 거래, 짧은 교제 기간, 문화적 충돌 등 많은 문제를 가지고 있는 문화 간 결혼부부의 가난한 나라에서 온 배우자에 대한 편견과 더불어 전혀 다른 문화에서 편입된 배우자들에게 새로운 문화에 대한 이해와 소통의 기회를 가지려는 노력을 게을리하는 한국인 배우와의 갈등은 부부불화와 좌절을 불러일으키고, 결국에는 가정폭력, 가출, 이혼이라는 극단적인 상황으로 몰고 간다.[33]

결혼여성이주민들이 자녀를 낳고 키우는 데 있어서도 한국어 언어 능력이 부족한 데서 오는 여러 어려움이 있을 것임은 쉽게 짐작할 수 있다. 더욱이 한국사회의 문화적 상황에서 자녀양육이 여성에게 일차적 책임이 주어지기에 심리적 압박도 크다. "평균적으로 한국인 남편은 출근을 하고 이주여성이 자녀의 양육, 교육, 교우관계 전반을 책임지고 있는데 의사소통의 어려움으로 병원진료를 받거나 교육기관(학교, 학원, 어린이집 등)과의 대화가 어렵다."[34]거나 "평소 언어가 되지 않아 이웃하고도 소원하여 정보교환도 되지 않고 막상 어려운 일이 발생되었을 때 도움을 요청하기도 그리 쉽지는 않다."[35]는 것이다. 그래서 "자녀가 말을 시작하면서부

---

31) 「문화일보」, 2006년 3월 11일자.
32) 「연합뉴스」, 2006년 3월 1일자.
33) 이해령, 앞의 글, p. 8.
34) 앞의 글.

터 이주여성은 위기의식을 느끼며 한글공부에 매진하지만 부부갈등, 생활고, 양육과정에서 발생되는 돌발 상황 등으로 학습효과는 크게 기대하기 어렵다."[36]는 분석은 결혼여성이주민들의 어려움을 보여 주고 있다.

이처럼 대부분의 결혼여성이주민의 경제적 가난의 문제와 더불어 자녀양육의 곤란으로 이어지는 의사소통의 문제 등은 흔히 여성들에게 자신감의 결여와 더불어 소외감, 불안감을 가져다주게 되는 원인이 된다. 하나의 어려움이나 문제가 그것으로 끝나는 것이 아니라 이들의 결혼 생활 전반에 영향을 미치게 되어 다중적 어려움을 겪게 하는 것이다.

셋째로는 두 문화의 불균형적, 불평등적 관계가 결혼생활 안에서 공존하고 있다는 것이다. 결혼은 두 남녀의 평등하고 대등한 결합임에도 불구하고 이주 여성의 국내 남성과의 결혼은 그 성립과정부터 불평등적 성격이 내재 되어 있고 그 관계가 지속되는 성격이 있다. 즉, 두 다른 문화 간의 결합이지만 남성의 문화가 결혼생활에서 주류문화로 규정이 되고, 우위를 점함으로써 여성들이 주체적 성격을 가지고 살아가기가 어렵다.[37] 이에 한국사회의 가부장적 문화가 더욱 이러한 상황을 악화시켜 여성들이 가져온 자신의 문화는 물론이고 개인의 특성과 인격은 무시되고, 여성들은 이를 참고 견디며 살아야 하는 상황에 직면하게 된다.

넷째로는 결혼여성이주민의 성에 관한 문제이다. 아시아로부터 혼인동반비자를 취득하여 한국사회로 이주하고 있는 여성은 가난의 극복과 생존의 한 방편으로 결혼이민을 선택하고 있다. 이들과 결혼을 시도하는 남성들의 경우 결혼생활과 성에 대한 무지로 인해 이주여성과의 결혼을 억압된 성의 표출, 성적 만족의 기회로 삼는 등의 문제가 발생하는 경우가 많다. 성이란 두 사람의 대등한 관계 속에서 나누어져야 하는 데 여성의 성적 만족이나 요구 등에 상관없이 남성 중심적으로, 폭력적으로[38] 진

---

35) 앞의 글.
36) 앞의 글.
37) 이러한 상황은 한국 여성과 이주 남성과의 결혼에서도 나타나는 현상이기도 하다. 한 상담의 예에서는 한국 여성이 이주 남성과 결혼한 경우, 불법체류자인 남편의 신분을 약점으로 삼아 갈등 상황이 야기된 경우도 있다.

행이 되는 경우가 빈번하다. 이러한 상황이 지속되면서 여성들은 성에 대한 부정적 인식을 내면화하게 되고 성에 대한 자기결정권이나 주체성을 박탈당함으로써 불평등한 성적 관계가 유지되면서 결국은 결혼관계의 파행을 가져오게 되는 것이다. 한 예를 들자면 20세의 한 결혼여성이주민은 40대 중반의 한국인 남성과 결혼하여 도착한 날부터 과도하고 폭력적 성관계에 시달리게 되어 결국 도주하여 본국으로 돌아갈 수밖에 없었다.

또한 모성권리마저 박탈당하는 경우가 빈번하게 발생하고 있는 점 역시 간과해서는 안 된다. 낯선 문화와 결혼생활에 적응하기도 전에 남성과 남성의 부모가 이주여성에게 임신과 출산을 요구하게 되는 경우가 많다. 오랜 기간 결혼하지 않은 상태로 있었던 남성과 남성의 가족은 자손을 기대하게 되고, 여성의 의사와 상관없이 아이를 낳는 조건으로 친정에 대한 경제적 지원을 약속하는 등 이주여성의 성역할을 자손 생산과 관련하여 여성의 모권을 통제하고 있다.

한 예로 50대의 한국인 남성이 18세의 이주여성과 결혼하여 그 여성의 의사에 관계없이 결혼 초기에 임신하게 하여 아내로 하여금 임신과 성, 출산과 자녀양육에 대한 자기고민과 준비의 과정도 없이 불안한 가운데 임신상태를 지속하도록 강제하자 그 어려움을 호소한 경우도 있다. 또한 한국어를 잘하지 못할 뿐인데 이러한 언어소통의 제한성을 이주여성의 지적 수준이 낮은 것으로 치부하여 이주여성의 의사결정권이나 인격을 무시하는 경우도 있다.

결혼여성이주민들은 결혼관계에서 발생한 부당한 대우와 성적 학대, 폭력을 경험하면서 생존의 어려움과 불안, 공포, 자기비하 등 심리적 위기와 고통을 겪고 있다. 문제가 결혼 초기부터 발생하더라도 결혼 기간이 2년이 지나야 영주나 귀화 신청이 가능하고 또 영주권이나 귀화가 받아들여지기까지 2년여의 시간이 또 필요하기에 어떠한 문제가 발생하더라도 이를 법적으로 호소하거나 문제를 해결하기가 어려운 것이 이들의 현실

---

38) 농촌의 경우 결혼이주민 여성 주부 4명 중 1명이 남편에게 구타당한 경험이 있다고 한다. 보건복지부, 「국제결혼 이주여성 실태조사」(2005), p. 33.

이다. 우리 사회의 이주여성들의 성은 사회, 문화, 경제적 조건에 의해, 그리고 여성이라는 성적 조건에 의해 침묵해야 하고, 복종해야 하며, 자신이 결정할 수 없이 통제되고 있다.

### (3) 들려져야 하는 이주여성의 목소리들[39]

필자는 지난 2008년 2월 23~25일에 안산이주민센터(이하 센터) 주체로 제주도에서 열린 '다문화가족을 위한 인권평화캠프'에 참여하였다. 국내의 한 기업과 사회복지공동모금으로 지원된 이 캠프는 "건강한 여성과 엄마를 위한 인권평화캠프"로 다문화가족의 한국사회 내 역량강화(empowerment) 프로그램이었다. 한국에 결혼여성이주민으로, 이주여성노동자로 들어와서 한국남성과 결혼한 여성들과 주로 아시아계 이주민 남성들과 결혼한 한국 여성들, 그리고 이주여성상담소 활동가들이 함께 하는 가운데 그들과 함께 시간을 나누며 인터뷰[40]를 할 기회를 가졌다. 이주여성의 상황을 이해하는 데 도움이 되도록 그 내용을 소개해 보았다.

① 우리도 행복하고 싶어요[41]

제인씨는 몽골에서 온 여성으로 한국인 남성과 결혼하여 살고 있다. 한국에 살면서 가장 힘들었던 부분이 무엇이냐고 묻는 질문에 다음과 같이 말하였다.

> 처음에 한국 오니까 음식이 맵고, 여름에 덥고, 언어가 힘들고 날씨가 달라서 힘들었어요. 또 한국 사람들은 목소리가 너무 커서 한국말 몰랐을 때는 그게 다 싸우는 것같이 느꼈어요. 지금은 알아들으니까 좋아요. 적응하는데 1, 2년은 걸려요. 힘든 것은 한국 사람들이 우리 같은 사람을 이상하게 보는 게 싫어요. 우리 보고 "돈 때문에, 한국 국적 딸라고 왔

---

39) 오현선, "이주민과 다문화주의의 정의로운 공존을 위한 하나의 대안," 오현선 외 공저, 「다문화와 여성신학」(서울 : 대한기독교서회, 2008), pp. 269-274에서 발췌하여 실은 것이다.
40) 여기에서 소개되는 이름은 실명이 아니다.
41) 2008. 몽골여성과의 인터뷰 중에서.

냐?"고 하고, "국적 따면 도망가려고 왔지?"라고 해요. 누가 결혼할 때 도망가려고 맘먹어요. 한국 사람들은 안 그러잖아요. 기분 나빠요. 그래서 내가 "결혼할 때 헤어질 것을 먼저 생각하는 사람 있어요? 아줌마 그랬어요? 말(언어)만 다르지 우리도 같아요."라고 말했어요. 또 도망가는 경우도 있긴 있지만 다 이유가 있으니까 도망가는 거잖아요. 근데 결국 한국 신랑들보다는 너희들이 한국 신랑에게 잘못 했으니까 그런 것 아니냐 그렇게 생각해요. 아니면 한국 남자는 안 변하니까 너희들이 참고 살아야 한다, 이해하고 살아야 한다. 그렇게요. 우리도 행복하게 살고 싶어요. 우리를 왜 그렇게 나쁘게 볼까 속상해요.

2006년 국회 보건복지위원회 위원인 김춘진 의원(대통합민주신당, 고창·부안)은 전라북도가 2007년 7월 2일부터 8월 30일까지 도내 거주하는 결혼이주민가족 전 세대를 대상으로 시군구 읍면동별 전수 조사하여 제출한 '결혼이주민가족 실태조사 결과보고'를 발표하였는데 여성결혼주민의 결혼동기를 묻는 질문에 남편을 사랑해서(36%), 잘사는 나라에 살고 싶어(29%), 종교적 이유(15%), 본국 가족에 경제적 지원(9.2%) 순으로 나타났다.[42] 또한 서울시정개발연구원이 28일 발간한 「서울정책포커스」 최신호에서 따르면, 서울에 사는 결혼여성이주민 346명을 대상으로 여론조사를 실시한 결과, 10명 중 1명은 경제적 안정, 한국에서 살 수 있는 기회, 모국으로부터 벗어날 수 있는 기회를 갖기 위해 문화 간 결혼을 선택한 것으로 조사됐다.[43] 조사결과에 따르면 결혼동기를 묻는 질문에 '남편과의 행복한 결혼생활'이라고 답한 여성은 전체의 83.6%에 달해 1위를, 이어 '경제적 안정'(5.4%)이 2위를 차지했다. 결혼생활의 행복이 경제적 안정과 비례하는 것은 아니지만 경제적 안정이 하나의 중요한 요소인 것은 사실인바 두 요인 모두를 합하면 89%에 달한다고 볼 수 있다.

제인이 인터뷰를 통해 표현하고 있듯이 다문화가족을 구성하고 있는 이주여성들에 대한 한국 국민의 왜곡된 시선을 수정하고 이들을 하나의 인간, 자연인, 시민으로 인정하고 포용하여야 할 것이다.

---

42) 안산이주민센터 홈페이지(http : //www.migrant.or.kr) 이주노동 자료실 No. 476.
43) 안산이주민센터 홈페이지(http : //www.migrant.or.kr) 이주노동 자료실 No. 322.

② 인간대접을 해 줬으면 좋겠어요[44]

인순 씨는 중국에서 딸과 함께 살다가 중국으로 일하러 온 한국 남성과 재혼하여 한국으로 이주하여 왔다.

> 한국은 중국과 풍습, 습관이 많이 달라요. 우리 시집은 제주도에 있는데 나를 인간취급을 안 해 줘요. 며느리가 아무리 최선을 다해도 안 대해 줘요. 제주도에서 잘살아요. 중국 사람이라고 무조건 싫어해요. 신랑은 서로 돕는 게 부부인데 매일 술만 먹고 일하기도 싫어해요. 처음에 만났을 때는 착했어요. 한국에 와서는 달라졌어요. 술만 먹고 거짓말하고……. 나 혼자 일하는데 돈이 없어서 쌀도 없고, 김치도 없고 할 때 교회에서 다 갖다 먹었어요. 한국 사람은 문화수준이 높아요. 신랑은 안 그래요. 신랑이 무조건 나를 가출한다고 신고를 해요. 가출한 적도 없는데……. 정신이 이상한지 거짓말만 하고……. 저는 그래서 지금은 이혼 신청하고 있어요. 그동안 S 컴퓨터에서 3년간 열심히 일하면서 살려고 노력했어요. 하지만 이제 못 살겠어요. 바람도 피우고……. 뭐 때문에 나에게 이렇게 대하는가, 나를 바보 취급하는지…… 인간대접을 안 하죠.

한국 남성과 결혼한 이주여성들 가운데는 사회적 냉대와 부정적 시각만이 아니라 가족과 남편의 학대와 비인간적 대우로 고통받고 있는 사람이 많다. 2007년도 2월 "외국인 아내 10명 중 4명 폭력에 '피멍'이란 제하의 기사"[45]를 소개하면 다음과 같다.

> 구소련 국가의 교포 3세로 대학을 졸업한 뒤 교사로 일하던 A씨(32)는 국제결혼중개업체 소개로 2002년 11세의 나이차가 나는 남편과 결혼, 한국에 정착했다. 하지만 A씨의 결혼생활은 끊임없는 남편의 폭력으로 얼룩졌다. 임신 9개월 때는 남편이 식탁 의자를 집어던져 발가락이 부러지기도 한 A씨는 2004년 이혼을 결정했다.
> 2005년 한국에 온 베트남 출신 B씨(30)는 당시 60세의 남편과 12평 임대아파트에서 신혼을 시작했다. 아이를 낳고 매달 35만 원의 기초생활

---

44) 2008, 중국동포와의 인터뷰 중에서.
45) 안산이주민센터 홈페이지(http : //www.migrant.or.kr) 이주노동 자료실 No. 463.

보조금으로 사는 힘든 생활을 견디던 B씨는 경제적 궁핍에다 남편과 의사소통이 되지 않는 문제가 겹치면서 결국 정신분열증세로 1년째 입원치료를 받고 있다. 한국 농촌 남성과 결혼한 여성 이민자 10명 중 4명은 남편의 일상적인 언어폭력에 시달리고 있고, 신체·성폭행도 당하는 것으로 나타났다. 2월 2일 농림부의 '농촌 국제결혼 여성 이민자 실태조사' 보고서에 따르면 응답자 153명 가운데 28.1%(43명)는 상습적인 언어폭력에 시달리고 있다. 신체적 폭행을 당한 경험이 있다고 밝힌 응답자는 147명 가운데 9.5%(14명)였고, 남편에게 성폭행당했다는 답변도 9%(144명 중 13명)나 됐다.

여성이주민들은 자신들이 속한 가정과 사회에서 다른 사람들과 같은 인간으로 대우받고 가족으로 주민으로 대등하게 살고 싶지만 학대와 폭력을 경험하고 있다.

③ 같은 일을 하고 같은 돈을 받고 싶어요[46)]

신화 씨는 한국 남성과 결혼하여 살고 있는 중국여성이다. 한국에서 살면서 힘들고 이해할 수 없는 부분에 대해 심정을 토로하였다.

> 한국 남자와 결혼했어요. 남편이 많이 아파요. 나도 아프고[47)] 남편이 신용불량이고 일자리 얻기가 너무 힘들어요. 건강보험도 안 되고요. 남편이 가난해서 건강보험을 아직 안 내서 보험혜택을 받아야 하는데 그러려면 먼저 밀린 보험비를 다 갚아야 해요. 몇 백만 원을 내어야 하니 힘든 상태예요. 아직 한국말 몰라서 제일 힘들어요. 회사에서 언어가 안 통하니까 힘들어요. 불안하고 그렇죠. 스트레스 있어요. 여기(인권캠프)는 여성결혼이민자라고 왔지만 부부 간의 문제를 떠나서 한국사람으로 살아가면서 문화를 접할 때 한국법도, 말도 다 알아야 한다고 생각해요. 그래야지만 법을 어기지 않고 살 수 있으니까요. 중국하고 많이 달라요. 법이 많이 다를 텐데 잘 몰라요. 어떤 말을 해도 이 말이 맞나, 이 사람에게 이 말을 해도 되나 이렇게 위축도 되고 힘들고 불안해요. 회사에서 불안한 거 진짜 많아요. 회사 가면 회사에서 제일 힘든 거 시켜요. 확대경 검사하고

---

46) 2008, 중국여성과의 인터뷰 중에서.
47) 현재 신화 씨는 자궁암 수술 환자로 항암치료를 받고 있는 중이다.

그런 거 한국 사람은 안 해요. 눈이 아프니까. 우리가(이주노동자) 다해요. 그래도 돈은 적게 줘요. 같은 일하고 같은 돈을 받으면 좋겠어요. 더 어려운 일을 하고 더 많이 하는 데도 돈을 왜 적게 주는가 그게 이상해요.

결혼여성이주민으로 다문화가족을 꾸려 살고 있는 여성들은 일정한 시간이 지나면 한국시민으로 살아갈 권리를 가지게 된다. 하지만 경제적 여건과 형편으로 공장에서 식당에서, 청소일 등의 비정규직의 노동자로, 일일 노동자로 살아가고 있다. 위의 인터뷰에서도 나타났듯이 이주민들은 사회생활에서 잘못된 의사소통으로, 한국의 문화나 사회적 규칙, 약속 등에 대한 무지로 인해 예기치 않은 상황에 봉착하게 되거나 원치 않는 불이익을 당하게 될까 봐 혹은 오해로 신상의 위험을 경험하게 될지도 몰라서 항상 심리적 불안감을 가지고 살고 있다.

한국시민으로 살아가더라도 이들은 인종이 다르다는 이유로, 가난한 국가의 이주민이라는 이유로, 여성으로, 여전히 다중적 차별을 경험하면서 약자로, 소수자로서의 불안한 삶을 살아가고 있다. 모든 것이 한국시민을 중심으로, 이주민은 객체로 혹은 타자로 다수의 문화에 일방적으로 적응을 해야 하는 현실에서 이주민들은 언어의 한계, 인식과 정보의 결핍으로 인해 항상적 차별과 불안을 경험하며 살아가고 있다.

이들의 현실상황을 조금만 관심을 가지고 바라보더라도 한국사회가 인종, 성별, 계층이 다름을 차별화하고 있는 관행이나, 한국 시민 중심의 사회통합을 지향하는 관계 단절적, 동화주의적 다문화주의를 구조적으로 행하고 있음을 볼 수가 있다. 이주민정책과 다문화정책에 대하여 비판적으로 성찰하지 않고서는 다문화사회를 위한 어떠한 시도들도 건강한 대안이 될 수 없음을 가늠하게 된다.

## 3. 다문화사회를 위한 하나의 대안 : '관계문화모델'을 중심으로[48]

다문화사회로의 변화 과정에서 정부의 사회정책이 어떤 철학과 원칙을 담고 있느냐는 매우 중요한 문제이다. 그와 동시에 다수 시민이 다문화사회의 현실을 관심 있게 바라보면서 일상에서 이주민과 함께 살아가려는 사소한 노력과 다양한 실천을 경주하는 일 역시 중요한 과제이다. '다문화교회'라는 이주민들과 함께하는 목회의 장에서 다양한 국가 출신의 사람들과 함께하다 보면 그들이 태어나고 자란 국가의 경제력이라든지, 정치적 입장, 종교, 문화 등이 보이는 것이 아니라 그저 한 '개인'과 개인의 처지가 보인다. 물론 그들 모두가 자신의 '문화'를 가지고 있는 것은 사실이나 개개 이주민이 자신이 떠나온 국가나 자신이 속한 인종과 종교의 일반적인 문화를 모두 인식하고 드러내며 사는 것은 아니다. 그래서 인류학자들이 문화를 이야기할 때 '위대한 전통'(great tradition)과 '사소한 전통'(little tradition)에 대한 개념을 분리하여 설명하는 것을 이해하게 된다. 교육학자이자이며 사회학자인 네이던 글레이저(Nathan Glazer)는 미국으로 이주한 이주민들의 문화를 분석하면서 이 두 개의 전통과 이주민들의 관계성에 대해 이렇게 설명하였다.

> 위대한 전통이란 교회법 교본, 의례, 성직, 위대한 역사적 전통 등을 말한다. 하지만 그런 것들은 모두 '사소한 전통'을 지니고 있는 시골 사람들이나 신흥도시 거주자들에게 거의 의미가 없다. 물론 위대한 전통의 일부는 그대로 전해지긴 하지만, 그것들은 시골의 경우 위대한 전통과는 거의 무관한 토착 전통들과 혼합되고, 도시의 경우 대중매체의 보편문화와 뒤섞이는 바람에 변형되고 왜곡될 수밖에 없다. 시골이나 신흥도시 출신의 주민들이 미국으로 이주해 올 때 우리는 별 이유 없이 그들을 위대한 전통의 대표자들로 간주하곤 한다.[49]

한국인 역시 개별 이주민을 바라볼 때 각자가 지니는 한 '사람'으로서의 가치와 '문화'의 '다름'을 받아들이기보다는 이주민 개개인이 속했던

---

48) 오현선, "이주민과 다문화주의의 정의로운 공존을 위한 하나의 대안," 오현선 외 공저, 「다문화와 여성신학」(서울 : 대한기독교서회, 2008), pp. 274-281에서 발췌하여 실은 것이다.
49) Nathan Galzer, "문화의 분석," Samuel P. Huntington and Lawrence Harrison 편집, *Culture Matters*, 이종인 역, 「문화가 중요하다」(서울 : 김영사, 2000), p. 347.

국가의 경제적 형편과 문화적 가치에 대해 우리 사회가 규정하고 있는 그대로 비판적 성찰 없이 바라보고 있다. 더 나아가 물질주의, 자본주의화된 가치척도로 소위 '저개발', '미개발' 국가에서 이주해 온 이주민을 바라보는 시각은 차별적이다.

이주민들에게 쉽게 반말을 하고, 한국말을 잘 몰라 의사표현을 못하는 것일 뿐 온전한 인격체인 그들을 마치 인지수준이 낮은 사람처럼 취급하거나, 자본주의 문화에 대한 경험이 부족하여 어색해 할 뿐인 그들을 마치 미개한 나라에서 온 사람들로 취급하는 것은 분명 차별적 태도이다. 이러한 태도는 갈등을 허용하며 소수자들과 약자들의 시각으로 살피고, 편견 없이 있는 그대로를 존중하고 수용하는 '환대의 문화'(Culture of Hospitality)라기보다는 '고립과 단절의 문화'(Culture of Isolation)라고 할 수 있다. 즉, 문화적인 우월감으로 상대방을 비하하고, 다수의 체제에 소수 집단의 적응을 일방적으로 강요하고, 이주민의 존재와 정체성을 부정하게 만드는 문화이다. 이주민들은 처음부터 불법적 신분으로 우리 사회에 들어오는 것이 아니다. 적합한 사회정책이 마련되지 않고 있기 때문에 생존과 체류 신분상의 고통을 받고 있는 것이고, 그 제도와 문화가 생산해 내는 고립과 단절로 인해 심리적 불안장애와 우울증, 자기 비하의 심리적 고통을 겪게 되는 것이다.

인간은 관계적 존재이며 관계망 가운데에서 성장하고 발달한다. 단절과 고립의 다문화사회를 극복하기 위해서는 대안적 사고가 필요하다. 이에 필자는 인간 성장의 관계적 측면을 강조하는 최근 심리학의 새로운 흐름 가운데 '관계문화모델'(Relational Cultural Model)[50]을 중심으로 다문화사회의 실천적 대안을 제시해 보고자 한다. 이 모델은 기존의 서구심리학의 방법론과 주된 입장에 대해 다른 시각을 가지고 있다. 인간의 경험을 해석하는 데 있어서 객관성과 중립성을 추구하는 과학적 방법론을 학문적 방식으로 삼는 기존의 흐름에 비판적 태도를 취하고 있다. 즉, 관

---

50) 관계문화이론(Relational Cultural Theory) 혹은 관계문화치료(Relational Cultural Therapy)라고 표현하기도 한다.

관계문화모델은 인간 경험의 객관성, 보편성을 추구하기보다는 개인의 상황을 중시한다. 한 개인의 문제가 그/그녀가 살고 있는 토대에서 발생하는 것이기에 그 문제들을 해결하려면 개인의 심리적 차원과 더불어 사회정치적, 문화적 영역과 관련하여 살펴야 한다는 것이다.

한 개인의 상황 속에 단절된 관계성을 회복하고, 개인이 경험한 단절의 요인을 사회적 상황에서 분석해 내려는 관계문화모델은 개별자의 상황을 주의 깊게 보고 그 안에서 진리를 발견하려고 하는 포스트모더니즘의 사고[51]와 맥을 같이 함으로써 소수집단에 대한 구체적 관심을 가지고 접근해야 하는 '다문화' 논의에 중요한 통찰을 제시하고 있다. 관계문화모델의 중심내용을 몇 가지로 요약 설명한다면 다음과 같다.

첫째로, 관계문화모델은 "인간이 인간과의 관계활동을 통하여 성장한다."[52]는 것을 그 핵심적 내용으로 삼고 인간 고통의 주된 요소를 장기간 지속된 단절이라고 이해한다. 현재 우리 사회의 이주민은 고립적이며 단절된 삶을 살아가고 있는 낯선 얼굴들이다. 그들의 이주동기가 경제적 이유에 있을지라도 사회적 관계성을 가지고 살 수 있도록 배려하는 정책과 시민문화를 마련하여야 할 것이다. 이주민의 인종적 차이, 계급적 차이, 문화적 차이, 성적인 차이로 인하여 단절되는 상황을 극복할 한국사회의 관계적 노력이 필요하다. 미등록 이주민을 양산하는 구조에 대해서는 무관심한 채로, 불법 체류자들의 경우는 죄인으로 간주하여 수색, 구속, 감금, 추방으로 몰아가는 사회적 단절 행위가 끝없이 계속되어서는 안 된다.

둘째로 이 모델에서 말하는 관계성이라는 말에는 '갈등'(Conflicts)의 내용이 포함되어 있다.[53] 인간의 생활 가운데 갈등이 없는 것이 평화로운

---

51) Pamela Cooper-White, *Many Voices : Pastoral Psychotherapy in Relational and Theological Perspective*(Minneapolis : Fortress Press, 2007), pp. 13-17.
52) Maureen Walker, "How Relationship Heal," Maureen Walker, Wendy B. Rosen, *How Connections Heal : Stories From Relational-Cultural Therapy* (New York, London : The Guilford Press, 2004), p. 4.
53) 앞의 글.

상태를 의미하는 것은 아니다. 갈등을 인식하는 방식과 그에 대한 해결방식이 어떻게 마련되어 있느냐가 더 중요한 문제이다. 관계문화모델은 갈등에 있어 '특권(Privilege)과 권력(Power)의 역학관계'[54]를 고려함으로써 갈등의 요인에 대한 가치중립적 입장을 비판적으로 바라본다. 갈등상황에 대한 객관적 분석과 관찰이라는 것 자체가 불가능하다는 전제를 가지고 있다. 개인이 존재하는 사회적 관계에 영향력을 미치는 특권과 권력을 누가 가지고 있고, 어떻게 그것이 행사되는가를 보면서 개인의 고통과 상황을 분석하려는 시도라 할 수 있다.

이주민이 지속적으로 유입되고 있는 가운데 그들을 바라보는 한국 시민의 시선이 편하지만은 않은 것은 인종갈등과 같은 사건이 일어나게 될지도 모른다는 막연한 불안에서이다. 시민들은 이주민의 폭행 등 사건보도에 대해서 더 비판적으로 바라보고 또 갈등사건에 있어서는 언제나 그들을 촉발자로 의심하는 등 부정적 시각을 가지고 있다. 이에 대해 실비아노 토마시(Silvano M. Tomasi) 역시 이렇게 지적하고 있다.

> 대부분의 이주민을 받아들이는 국가들은 부정적이고 방어적인 자세를 가지고 또한 자기중심적인 한계성을 발달시킨다. 이주민이 허드렛일과 낮은 지위의 직업을 가지고 일하면서 그들이 제공하는 사회적, 경제적 기여에 주목하지도 않는다. 문화적으로 긍정적 측면이나 사람이 함께하는 것에 대하여 또한 다른 재능이나 전통들을 서로 나누는 등의 긍정성은 그다지 고려하지 않는다.[55]

이주민들이 국내에서 그들의 노동력을 통하여 어떠한 경제적 기여를 하고 있는지, 어떠한 차별과 억압을 경험하고 있는지에 대해서는 인식하지 못한 채로 한국인이 가지고 있는 특권과 권력에 대한 위협적 존재로 막연하게 의심하고 있는 것은 아닌지 한국인의 내적 성찰이 필요하다.

---

54) 앞의 글.
55) Silvano M. Tomasi, "The World-wide Context of Migration : The Example of Asia" Dietmar Mieth and Lisa Sowle Cahill, eds., *Migrants and Refugees* (London : SCM Press, Maryknoll : Orbis Books. Concilium. 1993), p. 5.

셋째로 이 이론은 가부장 문화 안에서 주변화된 다양한 경험을 재현하고 있는(representing) 목소리들을 적극적으로 수용한다.[56] 최근 서구학문의 이론적 흐름 가운데 괄목할 만한 변화라고 여길 만한 것 가운데 '포괄적 사고'라는 것이 있다. 이는 그간 학문의 주류적 흐름에서 제외되어 온 인종, 젠더, 계급, 성적 오리엔테이션에 따른 각 집단에 대한 포괄적 사고를 하려는 움직임을 말한다. 심리학에서는 관계이론학파들이 전통적 심리학이 가지고 있던 이론상의 가부장성을 비판하면서 여성주의적 관점을 재건하고 있다. 관계문화모델은 여성해방적 관점을 강화하면서 여성만이 아니라 주변화된 소수 집단의 경험에 대하여 주목하려는 입장을 가지고 있다.

이러한 특징이 우리 사회에 주는 통찰이란 이주민의 목소리에 귀를 기울여야 한다는 성찰점을 제시하고 있는 것이다. 최장시간, 최저임금의 노동소외를 경험하고 있는 이주여성노동자, 결혼여성이주민, 문화 간 결혼에 실패하여 자녀를 키우며 쉼터에서, 노동현장에서 어렵게 살아가고 있는 이주여성들, 결혼하여 살고 있지만 가족의 차별과 폭력, 몰이해 가운데 어려운 결혼생활을 하고 있는 이주여성, 자국의 정치적 상황 때문에 난민이 된 아프리카 사람들, 미등록 노동자가 되어 불안과 생존의 어려움으로 눈물짓고 있는 여성이주자들 등 우리 사회 이주민의 목소리를 외면하면서 성장할 그런 다문화는 없다.

넷째로 관계문화이론이 목표로 하는 것은 개인이 '자기지지'(Self-Sustaining)를 할 수 있도록 관계적 기능을 내면화해 가도록 하는 것이다.[57] 개인이 자기를 통제하는 '자기객관'(Self-Object)과 구분이 되는 '자기지지'의 개념이란 자기고유의 주체성(subjectivity)을 가지는 개인적 내면화(individual internalization)를 더 존중하는 태도를 말한다. 심리적 건강의 주된 내용이 독립성, 자율성의 증진에만 있는 것이 아니라 오히려 인간이 가지는 '복잡성, 유동성, 선택, 인간 관계성 등의 수준을

---

56) 앞의 글.
57) 앞의 글, p. 6.

증진하는 것을 발달상의 성숙'[58]으로 인식하고 있는 것이다. 관계문화이론은 개인적 심리적 차원만이 아니라 한 사회에서 공존하며 살아가는 사회성원 간의 개별적 차이성, 특성, 복잡성 등을 상호존중하고, 그 존중의 정도가 오히려 그 사회가 갖고 있는 건강성을 평가하는 척도가 될 수 있음을 강조한다.

한국사회는 지속적으로 변화하고 있다. 단일민족과 순혈주의를 민족의 전통과 자랑으로 여기던 때는 이미 지났고, 다양한 인종과 종교, 문화의 배경을 가진 이주민이 한국사회에서 살아가고 있는 시대가 되었다. 이 시대적 변화를 우리 사회의 발전과 성숙을 위한 계기로 인식하고, 그것이 지속 가능하도록 돕는 철학과 정책들을 마련해 가야 한다. 이러한 의미에서 문화적 차이점들을 중요하게 바라보는 문화적 다원주의 철학에 기초하는 관계문화이론[59]이 우리 사회의 다문화적 공간에도 의미로운 방향성을 제시할 수 있으리라 본다. 서로의 차이점에도 불구하고 '상호 공감'(mutual empathy)의 관계 지향적 태도를 갖는 것이 다문화사회 속에서 각 집단/개인 간의 관계를 성숙하게 할 기초임을 숙지해야 할 것이다.

### 4. 기독교교육의 응답 : 이주여성과 다문화적 프락시스

이주여성을 위한 기독교교육의 응답을 '다문화적 프락시스'(Multicultural Praxis)라고 표현하는 것은 이주여성을 돌보는 교육목회사역이 영적인 부분에서만이 아니라 그들의 정치적, 문화적, 교육적 해방의 측면을 함께 관심해야 함을 표현하기 위해서이다. 다수 시민에 대한 소수 집단의 동화를 통한 통합적 다문화사회의 한계, 이주민 간에도 차이가 있는 불안전하고 공평하지 않은 차별적 이주민정책의 한계, 그리고 단절과 고립의

---

[58] 앞의 글.
[59] Roseann Adams, "The Five Good Things in Cross-Cultural Therapy," Maureen Walker, Wendy B. Rosen, *How Connections Heal : Stories From Relational-Cultural Therapy*(New York, London : The Guilford Press, 2004), p. 151.

상태에서 고통하는 이주여성의 문제 등을 극복하는 데 통찰을 제시하고 있는 관계문화이론의 원칙을 기반으로 '다문화적 프락시스'를 제안하고자 한다.

첫째로 이주여성들의 현실적 상황을 인식하고 그들을 지원할 여성주의적, 관계문화적 예배공동체와 교육공동체를 형성하도록 지원해야 한다. 자신들의 고향을 떠나 다중적인 어려움을 겪고 있는 이주여성들에게는 사회적 소속감의 결핍을 해소하고, 나아가 그들이 환영받을 수 있는 공동체가 절실히 필요하다. 교회는 이주여성들을 교회공동체 안으로 받아들임으로써 자신들의 어려움을 호소하고 경험을 나누고 함께 울고 웃으며 격려하고 격려받을 수 있는 심리적, 영적 안식처를 제공하여야 할 것이다.

필자가 함께 섬기는 '다문화 교회'의 경우를 예로 들자면, 국가별로 모여 자신들의 언어로 찬양하고 기도하며 말씀을 읽고 설교를 듣는 예배공동체를 진행하고 있음을 들 수 있다. 한국어로 진행되는 예배에는 모든 공동체가 참여할 수 있도록 개방되어 있고 이 외에 베트남, 스리랑카, 중국, 몽골, 아프리카 공동체를 형성하여 예배를 드리고 있다. 모두가 함께 할 수 있는 예배와 공동식사를 제외하고 나머지 시간에는 각 공동체별로 필요한 오후활동을 진행함으로써 친교와 소속감을 나누는데, 이 가운데 이주여성 성도들이 배제되지 않고 공동체 지도자로 성장할 수 있도록 지원하고 있다. 여성들이 설교를 통역한다던가 찬양과 예배의 진행을 이끄는 등의 자발적 참여가 긍정적으로 드러나고 있다. 또한 이주민의 특성상 자신들의 직장을 따라 먼 곳으로 이전을 하게 되어도 시간이 날 때마다 찾아오고 신상의 변화를 알리는 것은 교회 공동체가 그들의 가족과 같이 환대하고 소속감과 안정감을 제공하려고 하기 때문이라 생각한다. 예배공동체 이 외에 직장을 잃고 갈 곳이 없는 이주여성들에게 '쉼터'를 마련하여 잠정적 삶의 터를 제공하고 있다. 이곳에 머무는 동안 함께 공동생활을 하며 서로의 아픔을 나누고 내일을 계획할 수 있도록 필요한 상담과 교육활동도 진행하고 있다.

관계문화이론의 측면에서 타 문화, 타 종교 상황에서 살아 온 사람들을 기독교 신앙공동체에 초청해서 함께 살아간다는 것이 그들을 반드시, 먼저 '기독교인화'함을 의미하지 않는다. 그들의 문화와 종교를 함께 이해하고 인정하며, 쌍방향 소통을 우선적으로 시도해야 할 것이다. 다문화사회와 다문화적 목회 상황에서 필요한 교회론이나 선교신학의 신학적 지원이 요청되는 지점이다. 기독교를 포교함으로 다가서는 것이 아니라 이주여성의 삶과 그들의 문제를 함께 나누면서, 그 과정에서 그들이 자발적으로 기독교적 소통을 요구할 때 응답해도 늦지 않기 때문이다. 다문화 교회의 경우 이주민에게 세례나 신앙을 강요하지 않는다. 함께 교회 공동체 생활을 하다 보면 그들 스스로가 세례를 받고 신자로 살아가고자 하기 때문이다. 그리고 후에는 그들 스스로가 기독교 복음전달에 주체로 서게 되는 것을 볼 수도 있기 때문이다. 이주민을 그대로 수용하고 환대하며 함께하는 과정이 없이 그들을 전도하기 위한 대상으로 생각하는 순간 신앙도, 삶도 공유할 수 없게 된다. 그들 역시 우리 기독교인처럼, 한국인처럼 존중받고 싶은 인간들이기 때문이다.

둘째로 이주여성의 특수성을 반영하고 포함하는 여성주의 다문화 기독교교육 커리큘럼을 마련해야 한다. 이주여성노동자와 결혼여성이주민의 시각에서 현실적으로 필요한 교육의 내용과 교육적 지원을 어떠한 방향에서 시도할 지, 그것을 구체적으로 고려한 교육내용을 구성해야 한다. 현재 지역에서 실시하고 있는 이주여성을 위한 교육은 주로 한글지원교육, 한국요리교육, 한국 문화와 역사교육 등 '동화'적 관점의 교육이 일방적으로 진행되고 있는데 한국사회의 적응을 위해 필요한 부분이기도 하지만 관계문화적 시각에서 본다면 한계가 있다. 같은 교육을 시행하더라도 이주여성들의 시각과 현실을 반영한 다문화교육이 되어야 한다. 다문화사회의 시민교육, 인권교육, 자녀교육, 부부교육, 의사소통교육, 신앙교육의 내용이 가르치는 기관이나 사람의 일방적이고 지시적, 지도적 교육이 아니라 관계성을 기초로 구성되어야 한다는 것이다.

이미 여러 지역에서 실시하고 있는 교회의 이주민교육들이 한글교육과 문화교육에 초점이 맞추어져 있는 것은 이해하지만 보다 근본적인 철학과 원칙에 근거한 이주민교육을 실행하여야 한다. 다문화 교회의 경우 부부교육, 자녀교육, 인권교육, 다양한 치유교육과 상담 프로그램을 제공하고 있다. 때로 이주민 각자의 특성을 살려 교사로 양성하여 교육자로서의 기회를 제공하기도 하고 있다. 또한 교육의 실행을 위해서 성도들만이 아니라 지역 NGO, 지방자치단체, 자원봉사자 등 사회적 네트워크를 관계적으로 활용하는 것도 좋은 방법이다. 다문화 교회의 경우 안산시와 다른 지역공동체, 그리고 자원봉사자들과 함께하는 프로그램이 다수를 차지한다. 신자가 아닌 그들이 교회에서 이주민 상담과 물품지원, 산재환자 병원심방, 의료봉사, 문화봉사, 교육봉사 등을 하면서 교회의 교인으로, 신자로 결심하게 되는 경우도 하나의 자연스런 모습이다.

셋째로 이주여성의 인식의 변화를 위한 교육(Cognitive Transformational Education)을 구체화하는 교육 프로그램의 개발이 필요하다. 기독교교육을 연구하는 학자로서 다문화사회의 현장에서 이주여성들의 삶을 돌보는 목회자로서 이미 실천하거나 기획하고 있는 프로그램들은 사회심리적 접근방식(Socio-Psychological Approach)에 근거하여 실행하고 있다. 이는 이주여성의 삶의 자리가 한국사회의 다문화적 변화 과정에 위치하고 있기 때문이다. 이들에 대한 교육은 이주민에 대한 사회적 분석의 측면과 여성노동자라는 계층(class)과 성(gender)을 기반으로 한 다중적 어려움(multiple difficulties)에 처해 있는 그들의 심리적 측면 모두를 고려해야 한다. 심리적 불안감과 정체성 혼란, 자존감 상실의 위기에 처해 있는 이주여성들이 자신의 존엄성을 회복하고 정체성을 확립하며 심리적 불안감에서 벗어날 수 있도록 돕는 교육이 필요하다. 이주여성의 정체성을 확립하기 위한 교육 프로그램, 자존감과 자신감을 가지도록 하는 심리적 역량강화 교육 프로그램을 실시하여야 한다.

다문화 교회의 경우 이주여성들의 당면과제를 사회적으로 이슈화하고 교회공동체 차원에서 지원할 수 있는 부분을 지원하고 또한 자신의 문제들을 스스로 해결해 가는 주체로 세우기 위한 교육적 지원을 하고 있다. 구체적으로는 여성신도모임을 구성하여 여성으로서 경험하는 삶의 이야기를 나누는 프로그램을 시도하였다. 개인적인 경험 속에 내재되어 있는 다양한 사회적 모순관계를 분석해 내고, 특히 여성을 억압해 온 가부장적 문화에 대한 성찰과 비판을 하면서 이를 극복하기 위한 비전을 나누게 된다. 그리고 직접적으로 이주여성에 대한 것은 아니지만 문화 간 결혼가정에서 태어나는 코시안 어린이들, 여성 청소년들에 대한 교육도 관심과 배려가 필요하다.

이주민 2세로서 겪어야 하는 정체성의 문제, 자존감의 문제, 공교육과 직업교육의 문제, 청소년들의 성교육문제 등이 실시되어야 한다. 이주여성들이나 이주민 1세대가 경제적으로나 심리적인 어려움을 경험하면 그 영향은 2세들에게 직결되어 사회적 문제로 나타나게 되는 것은 불을 보듯 분명한 일이다. 다문화 교회의 한 몽골 성도가족은 일하던 아버지가 갑자기 수술을 하게 되고 엄마는 간호를 해야 하는 형편에 이르자 중학생인 아들은 학업을 중단하고 시간당 일용직을 해야만 했던 경우도 있었다. 교육권과 건강권이 보장되어 있지 않는 다수 이주여성의 자녀들의 사회적 적응과 안전한 생활을 위해 교회와 사회가 함께 돌봄의 사역을 해야 한다.

그리고 또다른 방식은 코시안 어린이들이 재학하고 있는 학교를 방문하여 코시안 학생과 한국 학생 간에 상호 소통과 공존이 가능하도록 돕는 것도 할 수 있는 일이다. 한국 어린이와 청소년을 위한 다문화교육이 필요한 것이다. 교회에 출석하고 있는 코시안이나 이주어린이, 청소년의 학교에 '놀토' 등을 이용하여 '찾아가는 다문화교실'이라는 프로그램을 제안하는 것이다. 한국 학생들에게 코시안들의 학부모가 태어난 나라의 문화, 종교, 음식, 역사 등을 소개하는 것도 매우 의미 있는 교육 프로그램이 될 것이다.

그밖에 이주여성이나 이주민 성도를 섬기는 지역의 목회자를 위해 이미 소개한 프로그램을 포함하여 다문화 교회의 프로그램을 대략적으로 정리하여 소개하자면 다음과 같다.

① 다문화 예배공동체 : 베트남, 스리랑카, 중국, 몽골, 영어, 한국어 등 언어권이 다른 공동체별로 예배공동체를 형성하여 주일예배를 드리고 복음과 기독교에 대한 이해를 도움으로써 영적인 성장과 양육이 가능하

도록 돕는다. 한국어로 대표되는 예배에 다른 공동체의 성도들도 함께 예배를 드리기도 하지만 성서봉독은 각국의 언어로 각국의 성도가 봉독을 한다. 각 예배는 공동체별로 이중언어 이주민을 활용하여 예배의 설교와 진행을 돕도록 양육하고 있다. 한국어 예배를 통한 전체 성도 간의 연합을 경험하고, 개별 공동체를 통해 각 국가별 어려운 상황들을 공유하고 해결해 가도록 지원하고 있다.

② 자원봉사자 모임 '버팀목' : 한국인 교인과 교인이 아닌 자원봉사자들로 이루어진 '버팀목'사역은 자원봉사자들이 자율적으로 조직하여 일정한 목회의 부분을 담당하고 있다. 이주민 노동상담, 산재병원방문을 통한 이주노동 산재환자 돌보기, 지역봉사활동, 코시안 가정 돌보기, 한글교육, 컴퓨터 교육 등 다양한 활동을 자체교육과 조직을 활용하여 진행하고 있다. 한국인을 중심으로 형성되어 있는 버팀목은 이주민을 돌보는 봉사의 차원을 넘어 함께 소통하고 상호이해를 경험하게 되는 다수자(한국인) 변화를 위한 교육의 계기가 된다.

③ 노동상담 : 이주민과 난민으로서 겪게 되는 노동탄압, 인권의 탄압 문제에 대한 다양한 상담을 하면서 실질적 문제를 해결하는 데 도움을 주고 있다.

④ 여성이주민상담소 '블링크' : 이주여성을 특별히 돌보는 상담소로써 그들의 문제를 상담하고 해결하는 동시에 관련법의 제정, 개정운동에 참여하고 있다. 이주여성을 위한 다양한 한글, 컴퓨터 교육, 여성 관련교육, 심리상담과 치료, 아이와 혼자 사는 이주여성의 경제적 독립과 한국사회 적응을 위한 지원사업 등을 돕고 있다.

⑤ 쉼터 : 난민신청자와 이주노동자 등 일과 살 터를 갑자기 잃은 사람들이 일시적으로 기거하면서 자신의 삶을 기획하고 생존해 나갈 수 있도록 쉼터를 제공하고 있다.

⑥ 이주여성 공방 : 이주여성의 경제적 자립을 돕기 위해 가방, 옷, 앞치마, 열쇠고리 등 소품을 제작하여 팔기까지 하는 공예품 공방이 운영되고 있다.

⑦ 코시안의 집 : 이주민과 이주여성의 아동을 돌보고 다문화가족을

지원하는 사업을 기획하여 추진하고 있다. 특히 이주민의 2세, 코시안 아동의 법적 지위 안정문제, 교육권과 건강권과 이주여성의 모성보호의 확보를 위한 사역을 감당하고 있다. 또한 최근 2세들의 모국어교육을 통해 이주민의 정체성교육에 관심을 두고 있다.

⑧ 문화축제 : 각 국가 간 설날, 추석 행사 등 다문화 축제 특별행사를 지원하고 '안산월드컵' 등을 개최하여 이주노동자들이 자신의 고향의 문화를 표현하고 즐길 수 있는 기회를 스스로가 마련하도록 돕고, 이러한 문화가 주민들과 함께하는 주민문화로 뿌리내리도록 노력한다. 문화행사와 축제, 특히 '콩꽃(꽃말 : 행복은 반드시 온다) 축제'는 각국의 춤, 노래, 악기, 의상 등을 선보이며 나눔으로써 서로의 다른 문화와 아름다운 미적 가치들을 함께 경험하게 되는 기회이기도 하다.

⑨ 북카페 : 교회 교인만이 아니라 누구나 와서 쉬고 차 한 잔을 나누며 함께하는 작은 공간이다. 서로의 삶을 나눌 수 있도록 하는 지역주민과 이주민을 위한 개방적 공간이라 할 수 있다.

⑩ 청년회 사역 : 한국인으로 주로 구성된 청년회는 예배의 찬양인도, 다문화 주일학교 교사, 영어예배지원, 주일 '공차'(free tea) 사역(교회주변의 공원에서 주일에 오가는 이주민들과 소통하기 위한 차 나눔)에 함께 할 뿐만 아니라 자체 성경공부를 통해 기도하며 이주민과 함께하는 기독인들의 사명과 정체성을 고민해 가고 있다.

⑪ 각 공동체 지원사업 : 예배공동체 이외에도 우간다 공동체, 나이지리아 공동체, 중국동포 공동체 등 소수 인종, 국가의 성원들이 함께 모여 자신들의 친교와 현안문제를 논의하고 서로 교류하고 소통하는 공동체의 모임이 가능하도록 지원하고 있다.

⑫ 다문화사회교육원 : 이주민 문화와 다문화사회에 대한 관심을 가지고 활동하고 있는 사회학, 문학, 인류학, 종교학, 신학, 예술, 언어학 등의 학자와 실천가들로 담론집단을 구성하여 다문화사회에 대한 이론을 구성하고 실천하고자 하는 연구모임이다. 안산지역의 초중고교를 직접 방문하여 '찾아가는 다문화교실' 등의 프로그램을 마련하여 이주민들의 국가와 문화를 소개하고 코시안 어린이들에 대한 이해를 교육하고 그들

의 한국학교 생활의 적응을 직간접적으로 돕는다. 또한 이주민, 다문화 관련의 출판, 미디어, 예술, 문화활동을 지원하고 있다.

⑬ 연대사업 : 이주민을 지원하는 각 사회단체와 민간단체, 다른 교회 등과 연대하여 이주민정책과 다문화사회의 기반을 마련하기 위하여 다문화사회 논의를 촉진하고 대안적 문화와 법제도의 제, 개정사업 등 다양한 연대사업에 함께하고 있다.

## 5. 결론

1990년 12월 18일 유엔 총회는 모든 이주민과 그들의 가족을 보호하는 국제협정을 승인하였다. 이 협정의 목적은 비정규노동자를 포함한 모든 이주 노동자의 기본적 인권에 대한 인식을 통해 이주민과 그들의 가족들을 보호하는 최소한의 보편적 기준을 인정하는 것이며, 공식문서를 통해 이들에게 첨가되어야 할 사회적 권리를 승인하는 것이다.[60] 국가 간의 경계를 넘는 이주가 세계화의 한 흐름이 되고, 한국사회도 2008년 현재까지 20여 년의 시간을 다인종, 다문화적 사회의 변화를 그 어느 사회보다 생생하게 경험하고 있다. 20년의 시간이 흐르고 있지만 이주민의 기본적 인권과 생존권을 마련하는 일에조차 뚜렷한 해결의 실마리가 마련되지 못한 채로 이주민은 지속적으로 국내로 유입되고 있다.

이러한 상황 가운데 이주민의 현안문제와 다문화사회의 문제를 해결할 하나의 절대적 대안은 있을 수 없을 것이다. 하지만 이주민과 함께하는 목회의 현장에 함께하면서 개별의 이주민의 상황을 들여다보며 그들의 목소리에 귀를 기울이다보면 그들이 무엇을 원하는지 어떻게 그들과 공존해 가야 할지를 배워 갈 수가 있다. 신앙공동체 안에서 이주민은 합

---

60) Antonio Martinez, Salome Adroher and Jose M. Ruiz de Huidobro, "Immigration Rights : An Evaluation" Dietmar Mieth and Lisa Sowle Cahill, ed., *Migrants and Refugees*(London : SCM Press, Maryknoll : Orbis Books. Concilium, 1993), p. 122.

법체류자도, 미등록 불법체류자도 아닌 성도요, 교인일 뿐이다. 이들의 삶의 문제를 함께 고민하고 해결하는 것이 다문화적 프락시스요, 돌봄의 목회를 실천하는 길이다. 다문화는 이주민과의 개별적 차이를 사소한 차원에서 이해하고 소통하고 배려하는 노력으로부터 시작하는 구체적이며 관계적 삶을 연습하는 교육이며, 훈련이며, 운동이다. 교회의 목회는 이주여성노동자를 포함하여 모든 이주민을 일시적이며, 잠정적 체류 노동자로, 사회적 통합의 대상으로, 교화의 대상으로 생각할 것이 아니라 다문화사회를 위한 상호 주체로 인정해 가는 실천의 장이 되어야 한다.

이주여성을 포함한 이주민에 대한 기독교교육의 방향은 소수 이주민을 다수 기독교공동체에 적응, 동화시켜 가기 위한 시각으로부터가 아니라 기독교공동체 안의 사람들, 즉 이주민이라는 상대적 소수자들을 어떻게 바라보고 한국인이며 기독교인인 자신을 어떻게 변화시켜 가야 하는가에 대한 성찰을 돕는 방향으로 진행되어야 한다. 그동안 다문화적 기독교교육에 대한 선험적 연구들은 소수자가 다수자의 문화에 합류해 가야 하는 식민지적 형태의 교육에 대해 지속적으로 비판[61]해 왔다. 각 개인이 가지고 있는 피부, 인종, 계층, 젠더의 제한성을 넘어 하나님의 자녀라는 새로운 정체성을 누구나 차별 없이 받아들이도록 관계문화적 교육을 해야 할 것이다. 그리하여 인종적 다양성, 문화적 다양성이 우리 사회와 교회를 향한 위협적 요소가 아니고 우리를 더욱 풍부하게 하는 것이라는 인식을 가지도록 하여야 할 것이다.[62] 이에 각 신학교는 인종적, 문화적 다양성을 이해하고 수용할 수 있는 목회자교육을 커리큘럼화해야 할 것이다. 다양한 문화권에서 이주해 오고 있는 이주민들의 문화와 종교적 '다름'을 이해하고, 이들과 소통 가능한 신학적, 선교학적 대안을 모색하는 기독교교육의 내용과 방법들을 형성하고 이를 확산할 목회자, 지도자를

---

61) Christine E. Sleeter, *Multicultural Education as Social Activism*(Albany : State University of New York Press, 1996)를 참고.
62) Barbara Wilkerson, "Goals of Multicultural Religious Education," in Barbara Wilkerson ed., *Multicultural Religious Education*(Birmingham, Alabama : Religious Education Press, 1997), p. 19.

교육하는 일이 병행되어야 할 것이다.

또한 기독교교육은 여성주의적 입장에서 성적으로 계층적으로 다중적 어려움의 상황에 처해 있는 이주여성들을 위한 여성교육 프로그램을 다양화하여 여성이주민을 도울 뿐 아니라 다문화사회와 다문화교육의 담론을 활성화시키는 과정에서 여성의 문제가 소외되거나 탈락되지 않도록 해야 한다. 우리 사회와 교회의 주변에 이미 존재하고, 또 교회 안에 들어와 있는 이주여성들을 포함한 이주민에 대한 돌봄의 교육적 목회를 실천하는 길이 한국교회의 예언적 전통을 지속 가능하게 하는 일임을 기억해야 할 것이다.

## 참고문헌

경기여성단체연합. "경기도 이주여성 실태조사를 통해 본 이주여성의 삶과 정책 대안 만들기." 「2006 경기도 이주여성 정책 토론회 자료집」(2006).
보건복지부. "2006 결혼중개업체 실태조사 및 관리방안연구"(2006).
오경석 외 공저. 「한국에서의 다문화주의 : 현실과 쟁점」. 서울 : 한울아카데미. 2007.
오현선. "욕구와 통제사이 : 여성이주민의 현실과 여성신학의 과제." 「한국신학의 지평」. 서울 : 선학사, 2007.
이해령. 미간행 논문. "이주기혼여성의 인권과 상담가의 역할." 안산 : 안산이주민센터, 2005.
정귀순. "시민단체에서 보는 외국인 정책방향." 법무부 출입국관리국. 「외국인과 더불어 사는 열린사회 구현을 위한 이민정책 세미나」. 서울 : 법무부 출입국관리국, 2006.
Cooper-White, Pamela. *Many Voices : Pastoral Psychotherapy in Relational and Theological Perspective*. Minneapolis : Fortress Press, 2007.
Galzer, Nathan. "문화의 분석." Samuel P. Huntington and Lawrence Harrison 편집. *Culture Matters*. 이종인 역. 「문화가 중요하다」. 서울 : 김영사, 2000.

Mahlingam, Ramaswami. ed. *Cultural Psychology of Immingrants*. Mahwah. New Jersey : Lawrence Erlbaum Asso. Inc, 2006.
Mieth, Dietmar and Lisa Sowle Cahill, eds., *Migrants and Refugees*. London : SCM.
Sleeter, Christine E. and Carl A. Grant. *Making Choices for Multicultural Education : Five Approaches to Race, Class, and Gender*. New Jersey : Merrill, 1999.
Sleeter, Christine E. *Multicultural Education as Social Activism*. Albany : State University of New York Press, 1996.
Walker, Maureen and Wendy B. Rosen. *How Connections Heal : Stories From Relational-Cultural Therapy*. New York, London : The Guilford Press, 2004.
Wilkerson, Barbara. "Goals of Multicultural Religious Education." Barbara Wilkerson, ed., *Multicultural Religious Education*. Brimingham, Alabama : Religious Education Press, 1997.
「강원일보」. 2006년 1월 10일자.
「문화일보」. 2006년 3월 11일자.
「연합신문」. 2006년 3월 1일자.
안산이주민센터 홈페이지(http : //www.migrant.or.kr) 이주노동 자료실 No. 322, 463, 476.
안산이주민센터의 이주여성, 활동가들과의 인터뷰 자료.

# 이주민 선교를 위한 종교와 문화이해

| 한국일 교수(장로회신학대학교, 선교학)

## 1. 서론

    1988년 서울올림픽 이전만 해도 우리나라에 외국인들이 일자리를 찾아오리라고는 생각할 수도 없었다. 그러나 올림픽 이후 한국의 인지도가 세계에 높아지면서 중국의 조선족을 위시하여 아시아와 중동지역의 사람들이 일자리를 찾아오더니 이제는 아프리카, 남미, 중앙아시아를 포함한 전 세계 지역에서 취업을 위해 무려 120만 명(2009년 현재)의 외국인 노동자들이 국내에서 일을 하거나 가정을 형성하고 있다.
    한국은 지정학적 이유로 인해 외국인과의 교류가 매우 적은 나라에 속해 있다. 무엇보다도 오랜 역사 속에서 거의 한국인은 한국문화 속에서만 존재해 왔다. 세계에서 보기 드물 정도로 높은 단일 민족의 높은 순도는 획일적 문화와 폐쇄적 태도의 원인이 되었다. 패트릭 존스턴(P. Johnstone) 이 편집한 세계선교기도정보를 보면, 각 나라마다 민족의 구성과 비율이 통계로 나와 있다. 그 자료 중에 한국은 다른 어떤 나라에서도 찾아보기 힘든 단일민족으로서 민족순도의 비율이 99.7%로 가장 높게 나와 있다. 다른 민족의 사람은 단지 0.3%로 미군과 중국인 화교로 구성되어 있다.[1] 이 자료가 1994년에 편집되었기 때문에 지금은 120만 명의 외국인이 거주하고 있어 타 민족 거주 비율이 높아졌겠지만 한국사회가 세계에서 가장 높은 비율의 단일민족으로 구성되어 있음을 보여 준다. 과거에는 이러한 요인들이 민족의 구심력으로 작용하였으나 선교와 세계화를 지향하는 오늘의 상황에서는 한국인들이 세계를 향해 진출하는데 결정적 장애요인이 되고 있다. 이러한 시점에 우리와 다른 문화와 종교를 가진 외국인들이 일자리나 새로운 가정을 위해 우리 곁으로 왔다. 이들은 오랫동안 한민족으로만 구성되어 온 우리 사회의 획일성과 폐쇄성의 문을 두드렸다.

 그러나 한국사회는 아직 외국인을 함께 살아가는 이웃으로 맞이할 준비가 아직 되어 있지 않다. 사회적 인식이나 문화, 제도, 법 등에서 외국인이 차별 없이 이웃으로 함께 살아가는 데 부족함이 많다. 그중에 가장 심각한 것은 다른 사람을 이해하고 존중하는 태도이다. 세계에서 두 번째로 해외 선교사를 파송한 국가이지만 선교사들이 가장 힘들어하는 것은 타 문화를 이해하고 적응하는 것이다. 그 이유는 국내에서 다문화적 삶을 경험하지 못했기 때문이다. 이제 세계는 다종교, 다문화권으로 구성된 다원주의사회에로 변화하고 있다. 아직 충분하지는 않지만 국내에서도 다문화를 경험하기 시작한다. 경기도의 안산은 다문화사회 현상이 가장 현저하게 나타나는 지역이다. 이런 점에서는 외국인 며느리들이 도시보다 많이 살고 있는 농촌지역도 예외가 아니다. 인구비율로 볼 때 한국사회에 거주하는 외국인은 아직 작은 수에 불과하지만 한국사회는 점진적으로 다원주의 사회로 변화하고 있는 것은 부정할 수 없는 현실이다.

---

1) Handbuch fuer Weltmission. Gebet fuer die Welt, Patrick Johnston(ed.)(Neuhausen
   -Stuttgart : Haenssler, 1994), p. 401.

다원주의 사회를 향한 변화는 무엇보다 선교에 도전적 요인으로 작용한다. 타 문화권 선교는 이제 지리적으로 해외 지역에서만이 아니라 국내 교회들이 당면한 과제이기도 하다. 어떤 면에서 선교제한지역에서의 소극적인 활동보다 우리 사회에 거주하는 외국인에게 적극적으로 선교하는 것이 더 효과적일 수도 있다. 그것을 위해 교회는 다문화와 다종교로 구성된 다원주의 사회에 대한 올바른 인식을 가져야 한다. 한국교회에는 다원주의 사회에 대한 부정적 선입견이 있다. 사회현상으로서의 다원주의와 종교적 상대주의로서의 '종교다원주의'를 혼돈하고 있기 때문이다. 다원주의 사회란 "여러 인종적 배경과 다양한 종교를 가진 사람들이 공존하면서 공적인 삶에 동참하는 사회"를 지칭하는 용어이다. 사회의 다원성은 다원주의 이데올로기와는 분명하게 구별되어야 한다. 한국사회의 변화와 관련하여 주목해야 할 주제는 다원주의 사회이다.[2]

레슬리 뉴비긴(L. Newbigin)은 다원주의를 문화적 다원주의와 종교적 다원주의로 구분한다. 문화적 다원주의는 "한 사회 안에 있는 다양한 문화와 생활방식을 환영하고 그것이 인간의 삶을 풍요롭게 한다."는 주장이다. 그것에 비하여 종교적 다원주의는 "종교 간의 차이가 진리와 거짓의 문제가 아니라 동일한 진리에 대한 인식의 차이에 있다고 믿는 신념이다."[3]라고 한다. 다원주의에 대한 선교적 접근은 삶의 다양한 형태로써의 문화적 다원주의는 수용하되 종교적 상대주의를 표방하는 종교다원주의는 비판한다. 왜냐하면 다종교 사회는 다양한 종교를 가진 사람들이 더불어 살아가는 사회적 현상을 가리키지만 종교다원주의는 모든 종교적 진리를 상대화하고 궁극적 목표가 동일하다는 자의적 주장을 하기 때문이다.

기독교는 언제나 문화적 경계선을 넘어가며 다원적 형태로 발전되어 왔다. 앤드류 월스(A. F. Walls) 박사는 기독교의 특징을 "경계선을 넘어가는 종교"라고 설명하였다. 이슬람은 언제나 메카라는 중심을 가지고 존

---

2) L. Newbigin, *The Gospel in a Pluralist Society*, 홍병룡, 「다원주의 사회에서의 복음」(서울 : IVP, 1998), pp. 39-40.
3) 위의 책.

재한다. 전 세계에 흩어진 이슬람교도들은 메카를 방문하는 것이 평생의 꿈이며 기도할 때도 메카를 중심으로 향한다. 그러나 기독교는 이스라엘을 성지라고 말하지만 이스라엘을 중심으로 존재하지 않는다. 2000년 기독교 선교역사는 교회가 어떻게 민족과 국가, 인종과 문화의 경계선을 넘어 전 세계로 확산되었는가를 보여 준다. 기독교는 문화의 경계선을 넘어가며 동시에 그 낯선 문화를 취하여 그 지역에 가장 적합한 기독교 형태를 만들어 간다. 그러므로 교회는 근본적으로 선교활동을 통해서 '타자성'에 대하여 개방적 태도로 낯선 문화를 수용하며 하나님 나라를 목표로 한다. 본 글에서는 이주민 선교를 위해 다원주의 사회로 변화하고 있는 한국사회의 특징들을 살펴보고, 이주민들을 단순히 선교의 대상이 아닌 함께 살아가는 이웃으로써 그들의 종교와 문화를 이해하고 함께 살아가는 방식에 대하여 논의하고자 한다. 바람직한 선교를 위해서는 이주민에 대한 올바른 이해와 관계형성이 선행되어야 한다.

## 2. 세계화와 이주현상

인간은 자신이 태어나 자란 고향을 떠나 어떤 이유에서 다른 나라로 이주하여 살게 된 이주민 역사는 인간의 역사와 함께 진행되어 왔다. 성경에서 이주민 역사의 대표적 사건은 아브라함이 자신의 고향 갈대아 우르를 떠나 하나님이 지시하는 땅 가나안으로 이주한 사건이다. 야곱 또한 젊은 날에 부모집을 떠나 외삼촌 라반의 집에서 20년간 살면서 부인과 자녀를 얻었다. 요셉은 애굽으로 팔려간 어려운 상황에서도 하나님을 철저하게 신뢰한 결과 이방인으로서 왕 다음의 최고 관리가 되어 전 애굽을 통치하는 자가 되었다. 이같이 이주의 역사는 인간의 역사와 동일하게 진행하고 있다. 그러나 현대 역사에서 이러한 현상은 매우 급진적으로 진행되고 있다.

제2차 세계대전이 종식된 이후 전 세계적으로 민족의 대 이동이 발생하기 시작하였다. 교통수단이 발달하여 이동과정이 용이해진 이유도 있지만 무엇보다 과거에 피식민지 국가 주민들은 경제적, 교육적으로 더 나은 혜택을 받기 위해 이전 식민통치 국가로 이주하였다.[4] 영국에 인도, 파키스탄, 방글라데시 사람들이 많이 살고 있으며, 프랑스에는 600만 명의 북아프리카 출신 사람들이 거주하고 있다. 독일은 제1차 세계대전 때 동맹국이었으며 전후 부족한 노동자의 자리를 보충하기 위해 초청한 터어키 사람들은 현재 300만 명 이상 독일에 거주한다. 더욱이 유럽은 유럽연합의 확대로 인하여 소속 국가 주민들은 거주지 이전과 직업선택이 자유롭게 되어 그들의 삶과 일터의 변화가 매우 활발하게 진행되고 있다. 이러한 이주의 물결은 금세기에 시작한 세계화 물결과 함께 더욱 활발하게 전개되고 있다.

한 자료에 따르면 1960년대 이후를 '이주의 시대'(the age of migration) 라고 이름 붙이고 있다. 유엔 자료에 의하면 2005년 한 해에 세계적으로 191만 명의 사람들이 국가의 경계선을 넘어 다른 나라로 삶의 터전을 옮겼다. 이러한 숫자는 어림잡아도 세계인구의 2.95%나 또는 브라질 인구에 필적하는 숫자이다. 그것은 세계인구의 34명 중 한 명 꼴로 자신의 고향을 떠나 다른 곳으로 이주한 것을 의미한다. 전 세계적으로 이주민의 증가현상은 지난 40년 동안 150% 증가한 것이며, 또한 1975~2005년의 지난 30년보다 그 수가 배나 증가한 것을 의미한다.

이러한 이주현상이 초래하는 또 하나의 사회적 특징은 다원주의 사회이다. 세계는 바야흐로 다인종, 다문화사회로 변화하고 있음을 입증하는 것이다.[5] 이주민들은 자신의 존재와 삶을 지탱하고 있는 종교적 신념과

---

4) 네덜란드 선교학자인 용엔넬은 세계적으로 이주현상이 급증하는 요인을 다음의 몇 가지로 정리하였다. 이민현상은 세계 모든 지역에서 발생하는데 특히 남반부에 속한 사람들이 북반부로 이주하는 경향이 더 크다고 한다. 이주 요인으로는 고전적인 전쟁과 박해, 다른 위험요인들로부터 피신하려는 이유가 있지만, 최근에는 경제적으로 낙후된 지역의 사람들이 보다 수준 높은 삶의 질을 위해, 보다 좋은 교육의 혜택을 받기 위해 산업화된, 경제적으로 성장한 나라로 이주하는 경향이 대부분이라고 언급한다. J. A. B. Jongeneel, "The Mission of Migrant Churches in Europe," in : Missiology. Jan. 2003, p. 29.
5) Juhu J. Hanciles, "Migration and Mission : The Religious Significance of the North-South Divide," in : Andrew Walls and Cathy Ross(ed), Mission in the

문화적 전통을 이주한 지역에서 버릴 수 없다. 그 사회가 다른 종교와 문화를 가지고 있을지라도 이주민들은 그곳에 자신들의 종교문화적 공동체를 형성하여 살아가고 있다. 이러한 현상이 때로는 이주민을 수용하는 사회의 문제가 되기도 한다. 왜냐하면 그들이 이주해 온 사회에 동화되지 않고 자신의 전통에 그대로 속해 있음으로 인하여 사회분열의 우려를 낳기도 하기 때문이다. 그러나 이주한다고 해서 수천 년 동안 전해 내려온 종교와 문화 전통을 바꿀 수 없으며, 오히려 더 강화되는 결과가 있기도 하다.

세계교회협의회 총무를 역임한 독일 신학자인 콘라드 라이저(Konrad Raiser) 박사는 "opening space for a culture of dialogue and solidarity"라는 논문에서 오늘의 세계현실에서 세계화 현상이 초래하는 종교와 문화적으로 다원성을 주목하면서 다원화된 사회에서 바람직한 선교방향과 활동에 대하여 언급하였다. 그는 세계화 현상과 함께 출현하는 종교적 다원성을 주목한다. 세계화는 경제적 차원만이 아니라 문화적, 정치적, 윤리적, 그리고 생태학적 문제들을 야기한다. 세계 곳곳에서 발생하는 이주현상과 함께 나타나는 종교적, 문화적 다양성은 기존 문화권과 갈등을 빚고 충돌하는 결과를 초래한다. 그렇기 때문에 문화적, 종교적 다양성에 대한 바른 이해와 관계형성이 요청된다. 콘라드 라이저는 이러한 상황에 모든 생명의 대안문화로써 '대화와 연대'(dialogue and solidarity)를 그 중심에 세운다. 그는 세계화와 종교적 다원성의 시대에 가장 필요한 것은 '열린 공간'(opening space)이며, 이것은 반 생명적인 '닫힌 공간'과 대조된 대화와 연대의 문화를 위한 토대로 제시한다. 세계화의 물결은 종교간 대립과 경쟁관계를 초래하며, 특정 문화가 지배하는 현상에 반하여 연대는 상호의존성을 강조하고 있다. 대화와 연대는 다양한 종교와 문화가 함께 만나는 세계 현실에서 경쟁과 대립의 관계를 극복하고 상호 의존의 관계에서 함께 살아가는 새로운 문화형성을 위해 필수적인 것으로 제안

---

21st Century. Exploring the five Marks of Gloval Mission(Maryknoll, NewYork : Orbis Books, 2008), pp. 118-119.

하고 있다.[6]

위에서 언급한 바와 같이 세계 역사 속에서 발생한 이주현상에 비추어 볼 때 한국사회는 오랫동안 이웃나라와 자유로운 교류가 없었을 뿐만 아니라 폐쇄적인 단일문화권 속에서 닫힌 획일주의적 문화를 형성해 왔다. 우리 민족만으로 살아갈 때는 깨닫지 못한 민족적 폐쇄성이 타 문화권에서 온 사람들과 함께 살아가면서 노출되기 시작했다. 낯선 문화에 대한 배타적 태도는 외국인 노동자들이 한국사회에 적응하는데 어려움을 가중시키는 원인이 되었다. 외국인 노동자들이 한국사회에 적응하는 데 가장 큰 어려움은 문화적응이라고 한다. 그것은 다른 나라에 비해 한국사회가 다른 문화권에 속한 사람들과 함께 살아온 경험이 부재하기 때문이다. 한국의 경계선을 넘어 이웃 나라에 가면 동일 민족으로만 구성되어 있지 않고 여러 인종, 민족들이 섞여 한 국가를 이루며 자연스럽게 서로 다른 인종, 문화에 속한 사람들과 평화롭게 살아가고 있다. 동남아시아 지역을 방문하면 눈에 띄게 서로 다른 인종이 공존하고 있다는 사실을 발견한다. 예컨대 말레이시아는 다수를 차지하는 말레이 인종과 중국 화교들이 서로 어울려 한 사회를 구성하고 있다. 중국만 해도 56개의 소수 민족들이 한족과 함께 살아가고 있다. 중국 정부는 이들 소수민족의 문화와 전통을 존중해 주고 있다. 그러나 한국은 위에서 언급한 바와 같이 99.7%의 한 민족으로 구성되어 있으며, 다른 인종, 문화권의 사람들과 함께 살아온 경험이 없기 때문에 차이를 존중하기보다는 지나친 호기심과 차별성으로 낯선 문화에 대한 이해나 관용적 태도를 갖지 못하고 있다.

그러나 문화란 오랜 역사과정을 통해서 형성되어 왔으며, 그 문화권에 속한 사람들의 정체성을 만들어 간다. 그렇기 때문에 문화는 그 특수한 성격과 형태가 존중되어야 한다. 오늘의 세계는 말 그대로 지구촌을 이루고 있다. 한국과 같은 폐쇄적 사회에도 이미 많은 외국인들이 찾아오고 있다. 이들이 인종과 문화의 차이로 인하여 차별대우를 받지 않는 사

---

6) Konrad Raiser, "opening space for a culture of dialogue and solidarity," in : IRM Vol. 98(Jul. 1999), pp. 197-202.

회를 만들어 가야 한다. 그렇기 위해서는 서로 다름을 인정하고 차이에 대해 존중하는 마음으로 더불어 살아가는 태도를 익히며, 그러한 사회적 인식과 문화를 만들어 가야 할 것이다. 문화는 고정되지 않고 교류와 학습과 변화를 통해 형성된다. 세계의 다양한 문화에 대하여 열린 마음과 태도를 배우며, 다른 문화를 가진 사람들과 더불어 살아가는 법을 배워야 한다. 이제 한국사회는 우리 나라를 찾아오는 사람들에게 '열린 공간'을 제시하고 그들과 더불어 대화하며 연대하는 새로운 문화를 만들어 가야 할 때가 되었다.[7]

## 3. 다문화사회에 대한 성서적 이해

성경에서 제시하는 하나님 나라는 인종, 문화, 국가, 민족의 모든 경계선을 넘어 하나님 안에서 하나가 되는 거대한 인류 공동체이다. 이 점에서 세상과 교회가 꿈꾸는 공동체의 특성에 차이가 있다. 창세기 11장에 기록된 바벨탑 사건은 인류가 하나님 없이 스스로 하늘에 도달하려는 허무한 꿈이 무너진 후 어떻게 서로 다른 공동체를 형성하였는가를 잘 보여준다. 인류는 언어군에 따라 서로 분리되었으며, 그 결과 언어의 차이로부터 형성된 문화, 전통, 관습, 종교적 차이로 인하여 넘어설 수 없는 경계선을 만들어 갔다.

한 구약학자는 하나님 없이 인간 스스로 공동체를 형성한 것을 '요새 공동체'로 명명하였다. 이 공동체는 같은 인종, 민족, 언어, 문화, 종교에 따라 동질적 요소를 중심으로 형성되어 내부적으로는 공동체성을 갖고 있으나 외부적으로는 배타적이며 폐쇄성을 갖는다. 여기에 반하여 하나님이 부르신 공동체는 '순례 공동체'로 명명한다. 하나님은 갈대아 우르에 살고 있던 아브라함을 이끌어 다른 문화와 종교를 가진 지역으로 가라고 명하신다. 아브라함은 하나님의 명령에 따라 타 지역에서 이방인으로

---

7) 성서마당, 2009 여름, 한국성서학연구소, 특집 : "성경과 다문화가정".

살아가는 것을 시점으로 하여 하나님 백성의 첫걸음을 내딛는다. 이렇게 성경에 기록된 최초의 하나님의 백성은 이주의 역사와 더불어 시작하고 있다.

구약은 전반적으로 이스라엘 중심의 순혈주의를 강조하는 것처럼 보이지만 사실은 세상을 향하여 하나님의 증인으로 파송하기 위해 잠정적으로 성별되었다(신 7:6-8). 그러나 이스라엘은 하나님의 선택 사건을 오해하여 편협한 민족적 범주 안에 머무는 배타적 선민의식을 갖게 되었으며, 그들의 선민의 목적이 세상을 위한 봉사에 있음을 망각하였다. 선교학자 보쉬(D. J. Bosch)는 이 사실을 언급하면서 이스라엘의 선택은 "세상을 위한 도구적 선택"이었다고 강조한다.[8] 보쉬에 따르면 이스라엘의 타 민족에 대한 배타적 인식에 대한 결정적 비판은 바로 요나서에 있다. 보쉬는 요나에게 "선교사의 마음을 갖지 못한 선교사"라는 별명을 붙인다.[9] 요나는 당시 이스라엘과 적대 관계에 있는 바벨론을 향한 증오심을 갖고 있으나 요나서 전체의 메시지는 이스라엘의 배타적 선민의식에 대한 반성과 민족과 국가의 경계선을 넘어서 원수까지도 사랑하라는 것이며, 이것은 신약성서의 예수님의 메시지와 연결되는 정신을 담고 있다.

성경 전체가 세상에 하나님을 증언하기 위해 기록한 것이라면 선교적 관점에서 볼 때 세상이 정해 놓은 모든 배타적, 폐쇄적 경계선을 넘어 하나님 안에서 한 백성으로 함께 살아가는 것이 하나님이 원하시는 뜻임을 알게 된다. 이러한 맥락에서 예수님의 공생애를 한마디로 요약하면 '경계선 없는 무한한 사랑'에 기초한 활동이다.[10] 예수님 당시 종교적 열정과 교리의 순수성을 강조하던 바리새파, 사두개파, 엣세네파, 열심당과 같은 종교집단과 예수님의 활동이 구분되는 것은 바로 세상적인 경계선을 초월한 사랑이라는 점이다. 예수님의 사역은 종교활동을 분리적 자기 성별주의적으로 이해하던 다른 종파들과는 달리 유대사회에서 다른 사람들로

---

8) D. J. Bosch, *Witness to the World*, 전재옥, 「세계를 향한 증거」(서울 : 도서출판두란노, 1995), pp. 67-69.
9) 위의 책, p. 70.
10) 위의 책, p. 71.

부터 소외되어 주변부에 머물고 있던 세리, 창기, 문둥병자와 같은 불치병 환자들—이들은 당시 유대사회에서 죄인으로 정죄받아 다른 사람들과의 교제가 금지되었다—을 하나님 나라의 주역으로 초청하여 함께 거하면서 하나님 나라의 새로운 상을 보여 주었다.

바울은 에베소 교회에 보내는 편지에서 예수님의 사역을 "막힌 담을 헐고 평화를 만드는 것"이라고 기록하였다. "그는 우리의 화평이신지라 둘로 하나를 만드사 원수 된 것 곧 중간에 막힌 담을 자기 육체로 허시고"(엡 2 : 14)의 표현은 예수님 안에서 모든 적대관계가 해소되며, 하나가 되는 새로운 공동체의 탄생을 예고하고 있다. 성경은 교회와 그리스도인은 자신에 대하여 "세상의 경계선을 넘어가는 순례 공동체"의 인식을 가지고 살아가야 하는 메시지를 전한다. 성경이 전하는 하나님 나라는 온 땅에서 찾아온 사람들로 형성된 새로운 사회이다. 하나님 나라의 전조로서 교회는 모든 인종과 민족을 향하여 나아가도록 부름을 받았다. 성경은 다문화가정과 다문화사회를 배경으로 기록하고 있으며, 하나님 나라의 풍요로움을 향한 약속은 바로 그러한 다원성에 기초하여 형성되도록 예고하고 있다.

## 4. 문화적 우월주의, 종교적 배타주의를 넘어서

미국의 선교학자 랄프 윈터(R. Winter)는 한국교회는 단일민족으로서 민족복음화에는 큰 성공을 거두었으나 타 문화권 선교에는 많은 어려움이 있다고 평가한 바 있다. 실제로 한국사회는 단일민족과 단일문화를 형성하였기 때문에 타 문화를 이해하는 것이 쉽지 않다. 타 문화권에서 사역하는 한국교회 선교사들이 가장 힘들어하는 요인도 타 문화를 이해하고 적응하는 과정이다. 앞에서 언급한 바와 같이 한국사회의 문화적 배타주의와 차별주의는 한국역사만큼이나 오랜 기간에 형성된 것이기 때문에 빠른 시간 내에 해결될 수는 없겠지만, 적어도 오늘날과 같은 다문화사회에서 무엇이 문제인가를 자각할 때 그 해결의 실마리를 찾을 수 있다. 타 문화에 대한 올바른 이해는 선교활동에 필요한 인프라를 구축하는 것과 같다. 타 문화권에서 활동하는 선교사나 우리나라에 거주하는 외국인들을 대할 때 그들의 문화를 바르게 이해하지 못하면 올바른 관계가 형성되지 못하고, 그러한 상황에서 효과적인 선교활동이 진행될 수 없다. 그러므로 선교활동 이전에 먼저 타 문화권에 속한 사람들의 전통, 생활방식, 세계관, 종교적 가치 등을 이해하고 서로 존중하는 관계가 형성되어야 하며 그 후에야 비로소 사역을 실천할 수 있는 때가 되었다고 말할 수 있다. 타 문화권에 속한 사람들을 만나는 초기 단계에 서로 잘 이해하지 못하여 소통이 이루어지지 않고 심지어 갈등과 충돌을 겪게 되는 문화충돌의 과정을 경험한다. 이때에는 타 문화의 특성을 잘 이해하지 못하고, 자기문화적 관점에서 타인을 판단하고 평가하고 심지어 정죄하는 경향이 있다.

문화인류학자인 폴 히버트(P. Hiebert)는 타 문화를 이해하는 몇 가지 태도, 즉 문화관에 대한 몇 가지 입장을 소개한다. 문화에 대한 가장 근본적인 전제는 "모든 사람은 각각 자신의 문화적 안경을 쓰고 사물을 본다."는 사실이다. 사람은 기본적으로 자신이 속한 문화의 영향을 받아 몸에 밴 방식으로 다른 사람과 사물을 인식하고 대하게 된다는 점이다. 다른 문화를 접촉하는 과정에서 만나는 첫 번째 장애물은 '오해'라고 한다. 여기에서 오해는 타 문화를 대하는 인식적 장애, 즉 새로운 문화에 대한 지식과 이해가 부족한 데다 무의식적으로 자신의 문화적 관점에서 다른 사람들을 이해하려고 하기 때문이다. 그러므로 다른 문화에 속한 사람들을 바르게 대하기 위해서 문화를 인식하는 두 관점이 있다는 사실을 히버트 박사는 제시한다. 그것은 문화를 인식하는 내부자적 관점과 외부자적 관점이다.

내부자적 관점은 모든 사람들이 무의식적으로, 본능적으로 타 문화를 인식하는 과정이다. 문화인류학자에 따르면 모든 사람은 내부에서 자기 자신의 문화를 보고 배우게 된다. 그리고 그 문화권 안에서 성장하면서 그것이 세상을 이해하는 유일한 방식이라고 생각하게 된다. 이것을 '내부자적'(emic) 관점이라고 부르며, 어떤 한 문화에 매이지 않은 외부인의 시각에서 보는 견해를 문화의 '외부자적'(etic) 관점이라고 부른다. 모든 사람이 내부자적 관점에서만 자신의 문화와 타 문화를 바라보면 타 문화권에 속한 사람들과의 의사소통이 불가능해진다. 왜냐하면 서로 자신의 관점만을 절대화하여 사물을 인식하고 타 문화권에 속한 사람을 대하기 때문이다. 그러나 다른 문화를 접하게 될 때 자신이 그 문화를 외부인으로서 보고 있다는 사실을 알게 된다. 여기에서 한 문화에 대하여 서로 다른 시각을 가질 수 있다는 사실을 깨닫는다. 다른 문화권에 속한 사람들과 깊이 사귐을 갖게 되면 실체를 보는 다른 관점들이 있다는 점을 발견하게 된다. 히버트는 이때 자신이 속한 문화권의 사고방식을 벗어나 새로운 방식으로 사고하도록 요청받는다는 점을 언급한다. 즉, 자신의 관점만으로 인식하던 방식을 떠나 다른 관점에서도 인식하는 법을 배우게 된다. 어떤 대상에 대하여 내부자적 관점과 외부자적 관점을 함께 사용함으로 특정 문화권에 종속된 시각을 교정하게 된다. 예를 들면, 한국사회에서 발생한 특정 현상에 대하여 그 사회에 속한 한국인이 가장 잘 이해할 것이다. 왜냐하면 한국인은 그 현상의 배경과 이면의 원인을 잘 알고 있기 때문이다. 그러나 바로 그러한 내부자적 관점으로 인해 동일현상에 대한 기존의 시각을 벗어나지 못하는 문제도 발생한다. 어떤 면에서 외부자 시각에서 볼 때 한국사회의 문제가 더 잘 보이는 경우가 있다.[11]

한국 사람과 독일 사람이 서로 만나게 될 때 정이 많고 개인적 관계를 중시하는 한국 사람에게 독일 사람의 첫 인상이 매우 무뚝뚝하게 느껴진다. 그들과 오랫동안 교제를 해도 가깝게 다가오지 않는 것 같은 차가운 느낌을 받는다. 그러나 그 사회를 깊이 경험하고 독일 사람들의 특성을 알게 되면 독일 사회가 철저하게 개인주의에 기초하고 있는 것을 알게 된다. 그러한 태도에는 다른 사람의 사생활에 깊이 개입하지 않고 자신과 다른 점을 존중하고 있다는 점을 알게 된다. 반면에 독일인에게 한국인은 사생활에 막 개입하는 것처럼 느낀다. 처음 만나는 자리에서 개인의 상황

---

11) 예컨대 한국인과 한국사회에 대한 외부인들의 글을 보면 내부자 관점에서 보지 못하던 예리한 성찰과 비판적 내용들을 읽게 된다. 러시아인으로 한국인으로 귀화한 박노자의 글과 다른 외국인들의 글에서 그러한 관찰을 발견할 수 있다. 박노자, 「당신들의 대한민국 02」(서울 : 한겨레출판, 2006).

이나 가족관계에 대한 지극히 사적 질문들을 주저하지 않고 던진다. 이런 현상은 한국인에게는 낯선 사람들과의 관계를 친근하게 만들려는 시도이다. 이것은 개인을 잘 알고 있어야 서로에게 친밀함을 갖는 한국인 특유의 감정적 접근방식이다. 서로 다른 문화적 시각의 차이들을 이해하지 못하면 이러한 문화적 차이가 인간관계의 충돌로 나타나게 된다. 그러나 문화적 차이 이면의 원인을 파악하여 서로를 이해하고 존중하게 되면 서로 다른 문화권에 속한 장점들이 드러나 인간관계의 만남에 깊이를 더하게 된다. 즉, 한국 사람의 정감 넘치는 태도와 독일 사람의 조용하지만 깊이 있고 지속적인 교제를 경험하게 된다. 그러므로 한 문화를 이해할 때 히버트 박사가 제시한 문화의 내부자적 이해와 외부자적 이해는 상호 보완적 관계에 있다.[12] 이러한 점에서 극복되어야 할 관점이 '자문화중심주의'(ethnocentrism)이다. 이러한 태도는 주로 감정적으로 작용하게 되는데 타 문화에 대하여 자신의 문화가 우월하며 다른 문화를 미개한 것으로 판단하는 태도이다. 자문화중심주의는 문화 차이가 발견되는 모든 곳에서 발생하며 주로 타 문화를 접촉하는 초기 단계에서 나타나는 현상이지만 경우에 따라 자신의 문화절대주의적 시각을 벗어나지 못하면 오랜 시간이 지나도 여전히 이 시각에서 타 문화와 사람들을 대하게 된다. 자문화중심주의를 극복하기 위해서 판단하지 말고, 그들의 문화적 차이와 방식을 존중하며, 그 이면에 작용하고 있는 특정한 원인들을 파악하려고 노력하는 것이 필요하다.

〈종교적 배타주의〉
80년대 중반에 경주 근처의 지역 주민들이 대부분 불교신자들로 구성된 한 집성촌에 있는 한 교회가 주민들에 의해 폐쇄되었고 교회 담임목사가 쫓겨나는 사건이 발생하였다. 이유인즉 목사가 설교하는 중에 불교 신자들을 사탄의 자식이라고 폄하한 말이 지역 주민들에게 전달되었기 때문이다. 물론 목사는 설교 중 교인들에게 전하는 말이었으나 그 말은 당

---

12) P. G. Hiebert, *Anthropological Insights for Missionaries*, 김동화 외 3인 공역, 「선교와 문화인류학」(서울 : 죠이선교회출판부, 1996), pp. 127-139.

연히 밖으로 전달되었고 그 말을 들은 주민들은 분노하여 교회를 폐쇄하고 목사를 내쫓은 것이다. 이 소식을 들은 막 신대원을 졸업한 전도사가 그 지역 교회를 회복하려는 마음에서 부임하였다. 전임 목회자가 떠나게 된 이유를 알게 된 후임 전도사는 지역에 부임하기 전 하나님께 1년간 전도하지 않겠다는 기도를 드렸다. 그리고 지역에 도착하여 의혹의 눈초리로 자신을 바라보는 지역 주민들을 친절하고 예의 바른 태도로 대하였으며 마음에서 우러나오는 진심으로 사랑하였다. 전도하는 대신 지역 사회에 필요한 일들, 청년들을 위한 야학, 어린이들을 위한 여름성경학교, 지역 사회를 위한 봉사 등의 일을 하는 데 노력하였다. 이 전도사는 대부분 불교 신자인 지역 주민들을 사탄의 자식이라고 정죄하는 대신 그들을 하나님의 형상으로 지음받은 하나님의 사랑의 대상으로 존중하였다. 전도사가 부임한 지 일 년이 가까워진 어느 날 이 전도사의 존재와 삶을 바라본 지역 주민들은 대표를 보내어 다음과 같이 말하였다. "우리가 일 년 동안 전도사님이 하는 일을 지켜보았습니다. 전도사님이 하는 일이 교회가 하는 일이라면 우리 마을에 교회가 필요합니다. 다시 교회를 세워 주세요." 지역 사회와 마을 사람들을 존중하며 사랑으로 대한 전도사는 지역 주민들의 요청으로 인하여 교회 문을 다시 열게 되었다.[13]

위의 사건은 한국교회가 선교에 대한 열정을 종종 타 종교에 대한 정죄와 배타적 태도와 동일한 것으로 혼돈하고 있음을 보여 준다. 한국사회는 이미 다종교사회로 구성되어 있으나 오늘날 전 세계는 다문화뿐만 아니라 다종교사회로 변해 가고 있다. 이러한 다종교사회에서 선교에 대한 올바른 이해와 태도를 정립하는 것이 중요하다. 과거 식민지 시대와 같이 기독교 국가들이 타 종교권을 억압하고 지배하던 시기에 가졌던 종교우월주의나 정복주의적 태도는 오늘의 상황에서는 오히려 반 기독교적 정서만 확산시키는 결과를 가져올 것이다. 교회를 쫓겨난 목사는 선교적 열정을 가진 것에는 이의가 없지만 타 종교에 대한 몰이해와 정죄하는 태도가 오히려 반선교적 결과를 초래하게 된 것이다. 반면에 후임자는 불교신앙을 가진 마을 주민들을 다른 관점에서 대하였다. 그는 진심으로 주민들을 하나님의 형상으로 지음받은 존귀한 존재로 이해하고 존중하며, 그들

---

13) 「교회와 신학」, 가을호, 장로회신학대학교 2008. Vol. 74, pp. 30-31.

을 향한 하나님의 사랑의 마음으로 관계를 가졌다. 결과적으로 전임자의 잘못된 선교관으로 인해 폐쇄되었던 교회 문을 다시 열었으며, 그것도 마을 사람들의 요청으로 이루어졌다. 이 교회 이야기는 다른 종교인들을 존중하고 그들과 평화로운 관계와 공존을 이루어 가면서도 얼마든지 교회의 선교활동이 가능하다는 것과 다종교사회인 오늘의 상황에서 타 종교인들을 어떤 관점에서 대해야 하는가를 잘 보여 주고 있는 사례이다. 우리 사회에 거주하는 이주민들이 그들의 종교를 가지고 와서 이곳에서도 종교생활을 계속하는 경우가 대부분이다. 기독교 입장에서 볼 때 그들은 모두 전도의 대상이 된다. 그러나 타 종교를 가진 이주민들을 바라볼 때 그들의 종교를 정죄하고 판단하는 것보다 그들 역시 하나님의 형상으로 지음받은 하나님의 사랑의 대상임을 인정해야 한다. 다종교사회에서의 바람직한 선교는 기독교 대 타 종교의 대립적 시각이나 구도에서 이해하지 않고 모두 하나님 앞에 죄인이며, 그 죄인에 대한 하나님의 사랑의 마음으로 그들을 바라보고 대하는 태도가 필요하다.

### 5. 관용과 공존의 종교윤리와 선교방식

다종교사회에서는 모든 종교인들이 선한 이웃으로 서로 화평의 관계를 만들어 가며 함께 살아가는 사회적 합의와 분위기가 조성되어야 한다. 타 종교인과의 평화로운 공존은 우리 시대에 요구되는 가장 중요한 덕목 중 하나이다. 오늘의 다양한 가치가 공존하는 사회에서 가장 필요한 것은 다른 종교와 문화 전통에 대한 관용적 태도이다. 1000여 년 이상의 기독교 역사와 기독교사회를 형성해 온 서구사회가 20세기에 접어들면서 급격하게 다문화, 다종교사회를 향한 사회적 변화를 직면하면서 교회는 '관용 안에 있는 선교'(mission in tolerance)라는 모토로 타 종교와의 관계를 설정하고 있다. 기독교의 정체성을 보존하면서 다른 종교인들을 함께 평화롭게 살아갈 수 있는 방식을 모색하며, 예수 그리스도에 대한 절대적 확신을 가지면서도 다른 종교에 대한 관용적 태도에서 선교를 수행할 수 있는 태도가 필요하다. 만일 종교인들이 각자 자신이 속한 종교적 진리의 절대성에 대한 확신만을 강조하며 타 종교를 무시하고 적대시하는 '근본주의적 신앙'을 가진다면 이 세상은 참혹한 종교 전쟁터로 변하게 된다. 예를 들면, 기독교 외 모든 종교를 무시하고 정죄하며 기독교 신앙을 위해 정치적 개입도 마다하지 않는 중세적 종교관을 가진 기독교 근본주의자들과 이슬람 교리를 확산하고 그에 반하는 다른 종교의 존재들을 말살하려는 이슬람 근본주의자들이 만난다면 중세 십자군전쟁의 참혹상이 재현될 것이다. 서구 교회는 그들의 역사 속에서 이슬람과의 십자군전쟁의 참혹함과 종교개혁 이후 가톨릭과 개신교 사이에 전개된 30년전쟁을 경험하면서 계몽주의의 시작과 함께 '관용'을 사회를 지배하는 가장 중요한 가치와 덕목으로 삼았다.[14] 그 이후에 종교와 문화적 차이와 다양성에 대한 관용적 태도는 서구사회를 이끌어 가는 지배원리가 되었다. 이러한 관용적 태도는 오늘의 세계 상황에서 다시 한번 그 중요성이 확인되고 강조되어야 할 필요성으로 인식하고 있다.

1990년 미국과 소련을 중심으로 형성되었던 정치체제와 이념 차이로 인한 냉전이 종식되면서 세계평화에 대한 기대와 희망이 높아졌다. 그러나 세계 곳곳에서 예상치 않은 문제가 종교 간 갈등과 충돌의 형태로 발생하였다. 중동의 골프만에서 발생한 미국과 이라크와의 전쟁을 시점으로 하여 세계 각 지역에서 전쟁이 확산되었다. 유럽 한복판인 유고슬라비아 연방이 무너지면서 세르비아, 크로아티아, 헤르체고비나, 인도에서 힌두교와 이슬람 사이에, 그리고 최근에 힌두교와 기독교 간의 충돌, 이스라엘과 팔레스타인 사이의 분쟁, 아프리카 수단에서 발생한 무슬림과 기독교인 간 대규모 충돌과 살상 사건, 이라크와 아프카니스탄 등에서 발생하는 이슬람 내부에서 시아파와 수니파 사이에 극렬한 분쟁현상 등이 대표적 사건이다.[15] 물론 이 사건은 정치적, 민족, 인종의 차이가 가장 큰

---

14) 계몽주의와 종교적 관용에 대해서는 다음의 책을 참고하라. Karen Armstrung, *A History of God*(London : Vintage, 1993), pp. 337-396.
15) 21세기연구회 편, 박수정 옮김, 「세계의 민족지도」(서울 : 살림, 2000) ; 참된 평화를 만드는 사람들 편저, 「다름의 평화 차이의 공존」(서울 : 동연, 2009).

원인이지만 갈등과 충돌 상황 안에 종교적 차이가 적지 않은 영향을 미치고 있는 것을 부정할 수 없다.

20세기 말에 세계가 직면한 문제를 예언자적으로 지적한 학자가 스위스 신학자인 한스 큉(H. Kueng)이다. 그는 1990년에 *Projekt Weltethos*란 책을 출판하면서 이 책에서 그는 오늘의 세계를 앞서서 진단하는 예언자의 식견을 보여 주었다. 한스 큉은 "오늘의 세계평화를 위협하는 가장 큰 요인은 종교 간 갈등과 충돌이다. 그렇기 때문에 세계평화를 위해서 종교 사이에 평화가 선행되어야 하며, 종교 간 평화를 위해 종교 간 대화가 필수적으로 요청된다."고 주장하였다.[16] 한스 큉 박사는 그의 책에서 종교와 문화적 차이가 존재하지만 그 차이를 넘어 모든 세계인이 평화롭게 살아가는 데 필요한 세계윤리가 필요함을 역설하였다. 그의 이러한 테제는 발언 이후 세계 각 지역에서 발생하는 종교 간 분쟁과 충돌이 더 확산되어 가면서 설득력이 커지고 있다.

독일의 선교학 교수인 순더마이어(Th. Sundermeier) 역시 오늘과 같은 다종교, 다문화사회에서 가장 필요한 것은 '공존'임을 역설하였다. 그는 'Konvivenz'(공존)란 용어를 사용하여 종교와 문화의 다양한 차이 속에서 서로의 정체성을 보존하면서도 차이를 존중하는 공존의 이론을 기독교 관점에서 구상하였다. 선교학 교수로서 순더마이어는 기독교 선교의 당위성과 책임성을 강조하면서도 과거 19세기 서구교회의 일방적 선교방식과 구별된 선교형태를 남미 교회의 공동체적 생존 방식으로부터 착상하여 기독교 선교의 새로운 모델로 제시한다. 선교는 일상적 삶의 자리를 떠난 교회가 주도하는 특별한 프로그램이 아니다. 선교는 그리스도인의 일상적 삶 속에서 실천된다. 그렇다면 오늘날과 같은 서로 다른 종교와 문화가 제시하는 다양한 진리와 가치가 서로 충돌하며 혼재하고 있는 사회에 적합한 선교 모델을 구상해야 한다. 순더마이어가 제시하는 선교 모델 배경에는 다양한 요소들이 작용하고 있다. 실천현장으로부터는

---

16) H. Kueng, *Projekt Weltethos*, 안명옥 옮김, 「세계윤리구상」(왜관 : 분도출판사, 1992), pp. 142-154.

남미의 '바다 공동체'의 상호협력의 삶의 방식과 이론으로는 성서적 근거를 비롯하여 레비나스(E. Levinas)와 같은 '타자성'에 대한 새로운 철학적 이론과 '상호종교적, 상호문화적 해석학'(interreligioese Hermeneutik, interkulturelle Hermeneutik)적 방법론들이 사용되고 있다. 그가 제시하는 콘비벤츠의 모델은 세 가지 원리, 즉 '서로에게 배우고, 서로 돕고, 함께 축하하는' 활동이다. 이 세 가지 원리를 통해 선교는 서로 다른 종교와 문화를 가진 사람들이 함께 살아가는 삶의 자리에서 각자의 정체성을 존중하면서 동시에 각자의 신앙하는 진리를 전하는 방식으로 진행된다. 여기에서는 서로 다른 종교인들이 함께 만나면서 각자가 가진 종교의 진리를 상대화하거나 부정하지 않는다. 다종교사회에서 자신이 속한 종교의 진리가 보편타당한 것을 믿는다면 당연히 그 진리를 다른 사람들에게 전해야 한다는 판넨베르크(W. Pannenberg)의 주장이 순더마이어에게서도 동일하게 나타난다.[17] 그러므로 순더마이어는 오늘날과 같은 다종교사회에 적합한 선교원리로 선교는 공존과(그것을 가능하게 하는) 대화의 바탕 위에 진행되어야 할 것을 제시하고 있다.[18]

다원주의사회를 사는 그리스도인의 삶의 방식에 대하여 리차드 마우(R. J. Mouw) 박사는 매우 실제적인 문제의식으로부터 제언한 바 있다. 그가 제기한 질문은 "(자신이 믿고 있는 진리에 대한) 신실한 믿음과 (다른 사람들에 대한) 공손함의 양립이 가능한가?"이다. 그는 마틴 마티(Martin Marty)의 말을 인용하여 "오늘날의 문제 중 하나는 예의바른 사람은 종종 강한 신념이 없고, 강한 신념을 가진 사람은 예의가 없다는 점이다."라고 지적하였다. 그러므로 마우 박사는 교양 있는 태도에다 자신이 믿는 바에 대한 '강렬한 정열'을 결합할 길을 모색할 필요가 있음을 주장한다. 이것을 한마디로 '신념 있는 시민 교양'(convicted civility)라고

---

17) W. Pannenberg, *Theology in the Context of Modern Culture*, "기독교와 타종교들,"「현대문화 속에서의 신학」(서울 : 아카넷, 2001), 강연 4, pp. 203-214.
18) 테오 순더마이어, 채수일 엮어 옮김,「선교신학의 유형과 과제」(서울 : 대한기독교서회, 1999), 특히 제2장, "오늘의 오이쿠메네 실존의 기본구조로서의 콘비벤츠"를 참고하라.

부른다.[19] 그는 오늘과 같은 다양한 가치와 신념을 가진 사람들이 함께 살아가는 다원주의사회에서 그리스도인은 한편으로는 복음에 대한 확신과 선교에 대한 열정을 갖되, 다른 한편 그것을 다른 사람에 대한 관용과 예절 바른 삶을 통해서 보여 줄 필요가 있다는 점을 강조한다. 마우 박사는 때로는 그리스도인의 온유하고 관용적인 사람이 되려고 하는 노력이 그리스도인의 삶을 오도할 수 있는 가능성에 대하여 인정하지만 그러나 '신념 있는 시민교양'을 갖추게 될 때 오늘과 같은 다양한 가치가 존재하는 사회에서 더 강한 기독교 신앙을 가진 성숙한 그리스도인이 될 것이라고 말한다.[20]

우리는 종종 선교를 타 종교에 대한 공격적 행위로 혼돈하는 경우가 있다. 그리스도를 증거하는 것과 타 종교를 심판하거나 정죄하는 것과 동일시하는 잘못을 범하기도 한다. 만일 그리스도인의 전도활동이 이러한 정죄나 심판의 행동으로 나타나게 되면 우리의 모습은 전하는 사랑의 복음과 모순되게 나타날 것이다. 에큐메니칼 선교대회인 산 안토니오 선교대회(1989)에서는 그리스도인의 선교 책임에 대하여 "세상 속에서 그리스도의 증인으로 파송되었지 심판석에 세워진 것이 아니다."(We Christian are called to be witness to others, not judge of them)는 사실을 분명하게 선언한 바 있다. 우리는 진리를 분별하려는 열정 때문에 종종 타 종교에 대한 심판자의 자리에 서려고 하는 경향이 있다. 다종교사회에 가장 적합한 종교 윤리는 "너희가 남에게 대접을 받고자 하는 대로 너희도 남을 대접하라"(마 7 : 12)는 예수님의 산상수훈의 핵심 구절이 아닐까?[21] 예수님에 대한 그리스도인의 절대적 신앙과 다른 사람들을 존중하며 예절 바르게 대하는 것이 서로 상치되는 것이 아님을 주목할 필요가 있다.[22]

---

19) Richard J. Mouw, *Uncommon Decency*, 홍병룡 옮김, 「무례한 기독교」(서울 : IVP, 2004), pp. 13-16.
20) 위의 책, p. 23.
21) H. Kueng, 「세계윤리구상」, p. 127.
22) 참고하라. 한국일, "통전적 관점에서 본 종교이해와 대화의 원리,"「복음과 선교」, 세계선교연구회 엮음, (서울 : 미션아카데미, 2006), pp. 212-241, 한국일, "선교와 종교. '기독교와 타 종교 간의 대화에 관한 연구'",「세계를 품는 선교」(서

물론 종교적 관용이 초래한 부정적 현상이 없었던 것은 아니다. 지나친 관용은 기독교 진리를 상대화하거나 종교다원주의 같은 자신의 정체성을 약화시키는 결과를 초래하기도 한다. 또한 종교 간 대화를 주장하는 학자나 실천가들에게서 이와 같은 종교 상대주의적 태도나 선교의 무용론을 주장하는 것을 보기 때문에 관용이나 대화 자체에 대한 거부감을 갖기도 한다. 또한 종교전쟁을 경험하지 않았고 선교에 대한 강한 열정을 강조하는 한국교회에서는 타 종교에 대한 관용적 태도를 못마땅하게 생각하는 경향이 있다. 그러나 이미 오래전부터 다종교사회로 존재하여 왔으며 최근에 점차적으로 다문화사회로 이전하고 있는 한국사회에서도 이제는 관용을 다른 종교인들과 평화로운 관계로 살기 위한 중요한 사회적 덕목으로 인정해야 할 때가 되었다. 여기에서 중요한 것은 타 종교에 대한 관용이나 온유함, 대화는 모든 종교가 같은 진리와 구원을 갖고 있다고 주장하는 종교다원주의와는 분명하게 구분해야 한다는 점이다.

타 종교에 대한 관용과 공존의 윤리는 단지 종교 간 충돌과 갈등을 방지하려는 소극적인 면만을 제기하는 것이 아니다. 모든 종교는 그 전파활동과 형성, 발전 과정에서 어떤 다른 종교와 교류나 서로 영향을 주고받으며 형성되었다. 세계 종교로 불리는 유대교, 이슬람, 힌두교, 불교, 기독교는 모두 전파과정에서 기존의 종교들과 의식적, 무의식적으로 활발한 교류가 있었다. 이러한 현상은 한 종교적 요소 안에 다른 종교적 영향이 다양한 방식으로 작용하고 있음을 보여 준다.

예컨대 한국에서 기독교는 서구 종교로써 한국사회에 전파되어 정착하면서 기존 종교인 불교, 유교, 샤머니즘 등과 활발한 상호작용을 해 왔다.[23] 또한 한국역사 속에서 국가적 위기나 필요한 사항에서 여러 종교들이 협력하여 함께 활동한 사례들을 많이 찾아볼 수 있다. 일제시대에 기독교, 불교, 천도교 대표들이 함께 독립선언문을 작성하여 독립운동을 주

---

울 : 장로회신학대학교출판부, 2004), pp. 209-241 ; "Religious plurality and Christian self-understanding," 2005 Athen CWME conference preparatory paper No. 13.
23) 김병서, 「한국사회와 개신교」(서울 : 한울아카데미, 1995), pp. 231-248.

도한 경우가 있으며, 70년대 민주화운동이나 최근에 친환경적인 삶을 위한 연대활동, 7대 종단의 예술제 같은 활동들은 서구사회에서도 찾아보기 힘든 실천적 사례들이다. 역사적으로 종교전쟁을 여러 번 경험한 서구사회에 비하여 한국은 다양한 종교들이 평화롭게 공존해 온 것이 자랑할 만한 사례이다. 이러한 경험을 바탕으로 하여 우리 나라에 거주하는 외국인 근로자나 이주민들과 더불어 평화롭게 살아가는 문화를 발전시켜야 한다.

## 6. 결론

필자가 독일에서 공부할 때 독일사회는 비교적 다른 국가에 비하여 외국인에 대한 혜택이 내국인과 차별 없이 주어졌으며, 경제적 이유로 이주하는 외국인에 대해서도 매우 관용적이었다. 그럼에도 불구하고 사회 내부적으로는 점점 증가하는 외국인들의 이주현상에 대하여 경계하려는 분위기가 확산되었으며, 때로는 개별적으로 외국인에 대한 테러나 인종차별적 행동들이 사회문제가 되기도 했다. 그 당시에 어떤 사람들은 자동차 뒷면에 "Alle Menschen sind Auslaender"(모든 사람은 외국인이다.)라는 표지를 부착하고 다니는 것을 보았다. 그 말의 의미에는 독일 국적을 가진 사람들도 한때 다른 나라에 이민 가야만 했던 적도 있었으며, 또한 우리가 살고 있는 땅도 이전에는 다른 나라에 속해 있기도 했다는 사실을 주지함으로 인종차별 현상에 대하여 일깨우려는 의도가 있었다. 필자가 외국인으로 살아본 경험으로 인해 다음과 같은 질문이 떠올랐다.

오늘과 같은 전 세계적으로 이주현상이 급증하여 모든 국가들이 다원주의사회가 되어 가는 상황에서 우리 자신이 특정 국가의 국적을 가지고 있다는 사실이 특권이기보다 세계인이 함께 살아가기 위한 책임이라는 면을 부각시켜야 하지 않을까? 성숙한 사회란 어떤 것인가? 자국민만이 아니라 외국인도 불안하지 않고 편안한 마음으로 살아가는 사회가 아닐까? 자국민에게 주어진 권리와 혜택이 외국인에게도 차별 없이 똑같이 주어지는 사회, 이런 사회의 형성이 불가능한가? 아니다. 필자는 독일에서 외국인 학생 신분으로 살아갔으나 거의 모든 면에서 독일인과 동등한 권리와 혜택을 받았었다. 한국교회는 우리 곁에 와 있는 외국인들이 우리와 똑같이 편안하고 동등한 삶을 살 수 있도록 이 사회의 문화와 제도를 변화시켜 가는 일에 앞장서야 할 책임이 있다. 그것을 위해 우리는 다른 사람들의 정체성을 존중하고 그들의 권리를 지키며 함께 살아가는 사회를 만들어 가야 한다. 문화적 차이와 전통을 이해하고 존중하며, 다른 종교들과 함께 평화를 이루며 살아가는 관용과 사랑의 행위는 하나님의 창조 세계의 다양성을 존중하며, 그리스도 안에서 구속의 은혜로 인한 일치를 목표로 하는 것이다. 이것이 바로 기독교 복음의 핵심이다.

## 저자 소개

- 김은혜

서울여자대학교(B. A.), 장로회신학대학교(M. Div.)
미국 드류대학교(Th. M.),
미국 클레어몬트 신학대학교(Ph. D.)
현재 장로회신학대학교 교수(기독교와 문화)
「생명신학과 기독교 문화」(쿰란, 2006)
「발로 쓴 생명의 역사」(대한기독교서회, 2006, 공저)


- 박흥순

숭실대학교(B.A.), 장로회신학대학교(M. Div.)
영국 버밍엄대학교(Ph. D.)
현재 호남신학대학교 연구교수(신약학)
「포스트콜로니얼 성서해석」(예영 B&P, 2006)
「마이너리티 성서해석」(예영 B&P, 2006)
「한국에서의 다문화주의 현실과 쟁점」(한울아카데미, 2007, 공저)
「다문화 사회와 국제이해교육」(동녘, 2009, 공저)
「신자유주의 시대, 평화와 생명선교」(동연, 2009, 공저)
「다문화사회와 한국교회」(한들, 2010, 공저)


- 설동훈

서울대학교(B. A., M. A., Ph. D.)
현재 전북대학교 교수(사회학)
「외국인노동자와 한국사회」(서울대학교출판사, 1999)
「노동력의 국제이동」(서울대학교출판부, 2000)

● 오현선

장로회신학대학교(B. A., M. Div., M. A.)
미국 클레어몬트 신학대학교(Ph. D.)
현재 호남신학대학교 교수(기독교교육학)
「한국에서의 다문화주의 현실과 쟁점」(한울아카데미, 2007, 공저)
「다문화와 여성신학」(대한기독교서회, 2008, 공저)
「다문화 사회와 국제이해 교육」(동녘, 2009, 공저)
「다름의 평화 차이의 공존」(동연, 2009, 공저)
「다문화사회와 한국교회」(한들, 2010, 공저)


● 한국일

장로회신학대학교(B. A., M. Div., Th. M.)
독일 하이델베르그 대학교(Dr. theol.)
현재 장로회신학대학교 교수(선교학)
「선교학 개론」(대한기독교서회, 2001, 공저)
「세계를 품는 선교」(장로회신학대학교출판부, 2004)
「21세기 한국교회의 에큐메니칼 운동」(대한기독교서회, 2008, 공저)
「세계를 품는 교회」(장로회신학대학교출판부, 2010)


● 황홍렬

서강대학교(B. A.), 장로회신학대학교(M. Div., Th. M.)
영국 버밍엄 대학교(Ph. D.)
현재 부산장신대학교 교수(선교학)
「제3세계 신학에 나타난 생명사상의 비교연구」(생각의 나무, 2002, 공저)
「한반도에서 평화선교의 길과 신학-화해로서의 선교」(예영 B&P, 2008)
「신자유주의 시대, 평화와 생명선교」(동연, 2009, 공저)
「다문화사회와 한국교회」(한들, 2010, 공저)

## 이주민 선교와 신학

| | |
|---|---|
| 초판인쇄 | 2011년 8월 30일 |
| 초판발행 | 2011년 9월 5일 |
| 지은이 | 김은혜, 박흥순, 설동훈, 오현선, 한국일, 황홍렬 |
| 기획편집 | 대한예수교장로회총회 국내선교부 |
| 편집인 | 총무 진방주 |
| 주 소 | 110-470 / 서울 종로구 연지동 135 한국교회100주년기념관 314호 |
| 전 화 | (02) 741-4353 / 팩스 741-4355 |
| | |
| 펴낸이 | 채형욱 |
| 펴낸곳 | 한국장로교출판사 |
| 주 소 | 110-470 / 서울 종로구 연지동 135 한국교회100주년기념관 별관 |
| 전 화 | (02) 741-4381 / 팩스 741-7886 |
| 영업국 | (031) 944-4340 / 팩스 944-2623 |
| 등 록 | No. 1-84(1951. 8. 3.) |

ISBN 978-89-398-0333-6 / Printed in Korea
값 10,000원

| | |
|---|---|
| 기획편집차장 정현선 | 편집과장 이현주 |
| 교정·편집 원지현 | 표지디자인 김보경 |
| 업무과장 박호애 | 영업과장 박창원 |

※ 이 출판물은 저작권법에 의해 보호를 받는 저작물이므로 무단전재와 무단복제를 할 수 없습니다.